司書教諭による
情報メディア活用

生涯学習の扉を開くために

著者：西巻 悦子

KDD
近代科学社 Digital

まえがき

　本書は司書教諭講習科目の「学校図書館メディアの活用（2単位）」の趣旨と内容に基づき、司書教諭養成のためのテキストとしてまとめたものです。本書のねらいは、実際の学校現場での司書教諭の職務遂行に役立てようとしたところにあります。

　内閣府では、第6期科学技術・イノベーション基本計画において、「世代を問わず、あまねく日本全国にわたり、広い意味で世界に新たな価値を生み出す人材の輩出と、それを実現する教育・人材育成システムの実現を目指す必要がある。」[1]としています。

　学校教育では、2018年度の文部科学白書で、生涯学習者育成に関して「生涯にわたる一人一人の「可能性」と「チャンス」の最大化に向け、新しい地域づくりに向けた社会教育の振興方策の検討や、職業に必要な知識やスキルを生涯を通じて身に付けるための社会人の学び直しの推進など、人生100年時代を見据えた生涯学習の推進」[2]への取り組みを述べています。

　以上のような流れは、2019年に文部科学省が発表した「GIGAスクール構想」に現れています。変化の激しい時代であることに加え、新型コロナウイルスの流行と新たな生活様式への対応が必要となった影響で、2021年3月現在の「GIGAスクール構想の実現について」の「2．各自治体のICT環境整備の進捗状況について」の報告書から、ほとんどの自治体で1人1台端末や高速通信ネットワークが整備されてきていることがわかります[3]。

　このような社会の変化、教育の流れを受け、急激に変化する社会を生き抜くために、学校図書館において情報メディアを活用するということには、どのような意義があるのでしょう。また、司書教諭は具体的に児童生徒をどのように指導していったらいいのでしょうか。

　情報とはinformation（知識や案内）であるとともにintelligence（知性・叡智）でもあります。単に知識を得ただけでは、物事の道理として問題を解決し、生涯学習者として生き抜くことはできません。そこで、学校図書館資料（情報メディア）を利用して得られた知識を評価判断し、叡智にまで高めて問題解決にあたることが必要です。知識や情報は発信する人に集まってくるという傾向がありますから、情報メディアの活用を通じて、

問題を設定し、問題解決を経て叡智に転換した事柄を発信し、さらなる情報知識を得るという叡智の蓄積サイクルが作られます。そのプロセスと方法を学ぶことが「情報メディアの活用」という科目の目的なのです。

　本書には実際の講義での疑問や質問に対する答えや、レポートとして提出された中から参考となるものを、作成者の了解を得て載せてあります。そして、本科目を学んで興味が涌いた方のために、学校図書館学さらには図書館情報学へのとりかかりとなるような情報も要点を絞って掲載しました。

　本書が、近い将来、司書教諭としてご活躍なさるだろう皆様への応援メッセージになれば幸いです。

謝辞

　本書執筆・刊行にあたり、多くの方々にご指導ご鞭撻を賜りました。筑波大学名誉教授薬袋秀樹先生、筑波大学大学院図書館情報メディア研究科教授平久江裕司先生（故人）、元東京学芸大学教授長倉美恵子先生（故人）は、筑波大学大学院図書館情報メディア研究科後期博士課程在籍中に大変お世話になりました。改めて厚く感謝申し上げます。なお、近代科学社Digitalの石井沙知編集長、ならびに山根加那子様には、貴重なアドバイスと終始変わらぬ励ましをいただきました。ここに厚く御礼を申し上げます。最後にICT全般にわたってご指導賜りましたクリエイトアカデミー主宰・宇野修様に改めて厚く感謝申し上げます。

2021年8月

西巻悦子

本書で使用する用語とその定義

　本書で用いる用語の定義と出典は下記の通りです。（五十音順）

・ICT活用
　ICTは「Information and Communication Technology（＝情報伝達技術）」の略称で、コンピュータや情報通信ネットワークなどの情報手段を活用することです[1]。

・学校図書館メディア
　学校図書館メディアは、印刷メディア（図書、新聞、雑誌等）、視聴覚メディア（CD、DVD等）、電子メディア（アプリ、webサイト、動画サイト、データベース、パッケージソフト、電子書籍、デジタル絵本、DAISY等）をもって構成される学校図書館資料の総体です[2]。

・GIGAスクール構想
　2019年に文部科学省が発表した、「児童生徒向けの1人1台端末と、高速大容量の通信ネットワークを一体的に整備し、多様な子どもたちを誰一人取り残すことのなく、公正に個別最適化された創造性を育む教育を、全国の学校現場で持続的に実現させる構想」です。GIGAとはGlobal and Innovation Gateway for Allの略です[3]。

・情報活用能力
　文部科学省「教育の情報化の手引き－追補版－（令和2年6月）第2章」では、次のように定義されています[4]。

　　　「情報活用能力」は、世の中の様々な事象を情報とその結び付きとして捉え、情報及び情報技術を適切かつ効果的に活用して、問題を発見・解決したり自分の考えを形成したりしていくために必要な資質・能力である。より具体的に捉えれば、学習活動において必要に応じてコンピュータ等の情報手段を適切に用いて情報を

得たり、情報を整理・比較したり、得られた情報を分かりやすく
　発信・伝達したり、必要に応じて保存・共有したりといったこと
　ができる力であり、さらに、このような学習活動を遂行する上で
　必要となる情報手段の基本的な操作の習得や、プログラミング的
　思考、情報モラル等に関する資質・能力等も含むものである。

　そこで、本書では、情報活用能力は後述の情報リテラシーの内容をふま
え、プログラミング的思考、情報モラル等に関する資質・能力等も含んだ、
実際的具体的な場面で主体的に学習活動を遂行する力と定義します。

・情報メディア
　情報メディアは、『図書館情報学用語辞典 第5版』では、次のように定
義されています。

　人間の情報伝達、コミュニケーションを媒介するもの。情報伝達
　に関与するものはきわめて多様なため、さまざまに概念規定が可
　能である。媒介する物体・装置もしくは技術的特性に焦点を合わ
　せる場合や、単に技術ではなく社会的なシステムであることを強
　調する場合がある。なお、information media は日本語からの訳語と
　しての使用例が中心で、英語圏ではあまり使われない表現である。

　つまり、非常に広範な情報伝達やコミュニケーションを媒介するものを
指します[5]。本書では、上記の情報メディアの定義を「広義の情報メディ
ア」と捉え、学校図書館で利活用する学校図書館メディアに放送メディア
を加えたものを「狭義の情報メディア」と位置づけます。以後、本書で使
用する「情報メディア」という用語は、この「狭義の情報メディア」を指
すものとします。

・情報リテラシー
　情報リテラシーは、『図書館情報学用語辞典 第5版』では、次のように
定義されています[5]。

　さまざまな種類の情報源の中から必要な情報にアクセスし、アク

セスした情報を正しく評価し、活用する能力。具体的には、以下の能力を含む。〈1〉情報へのアクセス：さまざまな種類の情報源について熟知している。実際にレファレンスブックや各種データベースなどを利用して、必要な情報にアクセスすることができる。〈2〉情報の評価：精度や再現率などから、アクセスした情報の正しい評価を行うことができる。〈3〉情報の活用：既存の知識体系の中に、新しい情報を統合することができる。問題解決にあたり、情報を有効に適用することができる。

　そこで本書では、情報リテラシーとは、さまざまな種類の情報源の中から必要な情報にアクセスし、アクセスした情報を正しく評価し、活用する能力という概念を指すものとします。

・メディア
　『図書館情報学用語辞典 第5版』では、次のように定義されています[5]。

　　（1）情報メディアのこと。（2）記録媒体のこと。広義にはアナログメディアを含むが、狭義にはコンピュータの外部記憶装置に用いる可搬のデジタル記憶媒体。（3）マスコミのこと。新聞、テレビなどのいわゆるマスコミが1990年代にメディアと呼ばれるようになり、報道や社会学の領域で定着した。「メディアの時代」「メディアイベント」などの「メディア」はマスコミを指している。

　そこで、本書では、「メディア」はマスコミを含む「広義の情報メディア」と同義とします。

・メディアリテラシー
　『図書館情報学用語辞典 第5版』では、次のように定義されています[5]。

　　（1）新聞やテレビ放送などのマスメディアが発信する情報を、評価し、批判的に理解する能力。（2）各種メディアを活用する能力。メディアを使いこなす技能（メディアスキル）や「情報リテラシー」とほぼ同じ意味で使われている。

そこで本書では、メディアリテラシーはさまざまな種類の情報源の中から必要な情報にアクセスし、アクセスした情報を正しく評価し、活用する能力である情報リテラシーと同義とします。

目次

第1章　学校における情報教育と学校図書館の情報メディア

第2章 学校図書館における情報メディアの活用と授業

第3章　学校図書館と情報技術革新

第1章

学校における情報教育と学校図書館の情報メディア

本章では、学校における情報教育と学校図書館の
かかわり、学校図書館メディアの種類と特性、情報
への接し方、電子メディア選択の視点、および学校
教育と著作権、特に学校図書館の情報メディアにか
かわる新しい課題について述べます。

1.1　情報教育と学校図書館

　本節では、情報教育がどのように進展し、学校図書館とどのようなかかわりを持っているか、「情報リテラシー」、「情報活用」、「情報メディア」などのキーワードから紐解いていきます。

1.1.1　学校における情報教育概観

　日本では、2020年にIT戦略である「世界最先端デジタル国家創造宣言・官民データ活用推進基本計画」[1] が閣議決定されました。すべての国民がデジタル技術とデータ利活用の恩恵を享受するとともに、安全で安心な暮らしや豊かさを実感できるデジタル社会の実現に向けた、政府全体の取り組みを示したもので、ITの新戦略として社会全体の行動変容を促すとしています。

　教育面では、EdTech（AIの導入などIT技術を活用した教育）やオンラインで行う遠隔教育など、学びの変容を目指す取り組みが掲げられています[2]。そのため、教育政策は情報を利活用する能力の育成、また安全・安心に情報を利用できる環境の整備に重点が置かれるようになってきています。

　その具体例の1つ目はGIGAスクール構想の加速です。2つ目はICTを活用した教育サービスの充実（EdTechの学校への導入推進、産学連携STEAM教育コンテンツのオンラインライブラリーの構築、在宅教育を促進するオンライン・コンテンツの開発等）です。3つ目には児童生徒の学習データの継続的な活用に向けたデータ基盤の検討が挙げられます[3]。

　そこで、GIGAスクール構想が加速し急激に変わろうとしている学校教育において、情報メディアを扱う情報リテラシー教育はどのように変化してきているのか、次節で概観しましょう。

1.1.2　情報リテラシーの定義と概念

　図書館情報学用語辞典では、情報リテラシーは次のように定義されています[4]。

　　　　さまざまな種類の情報源の中から必要な情報にアクセスし、アク

セスした情報を正しく評価し、活用する能力。具体的には、以下の能力を含む。

(1)情報へのアクセス：さまざまな種類の情報源について熟知している。実際にレファレンスブックや各種データベースなどを利用して、必要な情報にアクセスすることができる。

(2)情報の評価：精度や再現率などから、アクセスした情報の正しい評価を行うことができる。

(3)情報の活用：既存の知識体系の中に、新しい情報を統合することができる。問題解決にあたり、情報を有効に適用することができる。

　根本彰は、情報リテラシーの概念を「図書や情報検索システムで提供されるものも含めて、コンテンツを提供するシステムの仕組みを使いこなすこと」[5]とし、さらに「不確実な事実を、外部的な事実、情報、理解、知識を取り入れながら確実なものにしていって、最終的には何らかの思考、判断、行動に結びつけるための過程」[6]であると述べています。

　また、情報リテラシーは情報活用能力とも言われています。例えば、岡本薫は次のように述べています[7]。

　　「情報リテラシー」は「情報活用能力」を意味する。この能力は、「受信者としての能力」と「発信者としての能力」に分けることができるが、前者は「情報を適切に収集・判断できる能力」、後者は「情報を適切に創造・発信できる能力」を意味している。

1.1.3　学校図書館と情報活用能力

　2020年に公開された文部科学省の「教育の情報化の手引き―追補版―（令和2年6月）第2章」では、情報活用能力は「世の中の様々な事象を情報とその結び付きとして捉え、情報及び情報技術を適切かつ効果的に活用して、問題を発見・解決したり自分の考えを形成したりしていくために必要な資質・能力」と定義されています[8]。では、学校図書館と情報活用能力（情報リテラシー）はどのようなかかわりがあるのでしょう。

　リテラシー（読解記述力）教育は、もともと学校図書館とかかわりが深い事柄です。学校図書館には学習情報センターの機能があります。2018年に告示された「高等学校学習指導要領 第1章 総則第3款 1(6)」には、「学校図書館を計画的に利用しその機能の活用を図ることも大切である。書籍やデジタルメディアなどの情報と情報手段を合わせて利用できるようにした学校図書館を、学習情報センターとして生徒の主体的な学習活動に役立てていけるように整備を図り活用していくことが必要である」[9]と、学習情報センターとしての学校図書館の活用が明記されています。

　また、2014年に公表された「これからの学校図書館担当職員に求められる役割・職務及びその資質能力の向上方策等について（報告）」の中で、司書教諭（学校図書館担当職員）の職務として、「図書館資料を活用して児童生徒や教員の情報ニーズに対応することや児童生徒に対する情報活用能力の育成を目的とした指導が円滑かつ効果的に行われるよう、必要な教材・機器や授業構成等について、教員と事前の打合せを行うことも求められる」と示されています[10]。

　なお、文部科学省の「学校図書館ガイドライン」[11]において、図書館資料には「図書資料のほか、雑誌、新聞、視聴覚資料（CD、DVD等）、電子資料（CD-ROM、ネットワーク情報資源（ネットワークを介して得られる情報コンテンツ）等）、ファイル資料、パンフレット、自校独自の資料、模型等の図書以外の資料が含まれる」とされ、「電子資料」や「情報資源」が明示されています。

　以上に鑑み、学校図書館における情報活用能力の育成とは具体的にはどのようなことかを見てみましょう。

1.1.4　学校図書館における情報活用能力の育成

　学校教育では、情報メディアの活用を通して次のような能力を育成していく必要があります。

　1つ目は、情報の特性を理解し、情報を適切に扱い、さらに自らの情報活用を評価・改善するための能力です。このことは、1.2節から1.5節にかけて学びます。

　2つ目は、必要な情報を主体的に収集・表現・判断し、受け手の状況などをふまえて発信・伝達する能力です。このことは第2章で演習を通して学びます。

　3つ目は、社会生活の中で情報や情報技術が果たしている役割や及ぼしている影響を理解し、情報モラルの必要性について考える能力です。このことは、第3章の3.1節から3.4節において具体的に学びます。

　以上の3点は相互に関連していますが、ここではいったん方向を示すにとどめ、後で各章・各節に分けて論じます。

　司書教諭は、学校図書館は情報メディアが集まるハブ（中心中核）であることに留意して、コレクションマネジメント（収集事業）を行い、児童生徒を指導しましょう。文部科学省では、「情報活用能力の育成に係る『3観点8要素』」[12]の3観点として、以下を挙げています。

A 情報活用の実践力

課題や目的に応じて情報手段を適切に活用することを含めて、必要な情報を主体的に収集・判断・表現・処理・創造し、受け手の状況などを踏まえて発信・伝達できる能力。

B 情報の科学的な理解

情報活用の基礎となる情報手段の特性の理解と、情報を適切に扱ったり、自らの情報活用を評価・改善するための基礎的な理論や方法の理解。

C 情報社会に参画する態度

社会生活の中で情報や情報技術が果たしている役割や及ぼしている影響を理解し、情報モラルの必要性や情報に対する責任について考え、望ましい情報社会の創造に参画しようとする態度。

　また、2020年に文部科学省は「教育の情報化に関する手引き（追補版）」を公表しました。その概要[13]では、新学習指導要領の下で教育の情報化が一層進展するよう、次の点に留意して作成したことが述べられています。

●新学習指導要領のほか、現時点の国の政策方針・提言、通知、各調査研究の成果、各種手引、指導資料等に基づき作成した。
●現行の手引の内容を全面的に改訂・充実するとともに、「プログラミング教育」「デジタル教科書」「遠隔教育」「先端技術」「健康面への配慮」などの新規事項も追加した。
●各学校段階・教科等におけるICTを活用した指導の具体例を掲載した。

　教育現場では情報化が進み、「プログラミング教育」「デジタル教科書」は現に進行中です。また、対面での授業と併せて「遠隔教育」が行われていますが、一方で「先端技術」の導入や「健康面への配慮」などの課題もあります。学校図書館は、これらの点についても対応していかなければなりません。そこで、先述の3観点が必要になるのです。

＊質問と回答

Q：図書館と言えば書庫のイメージですが、司書教諭には情報技術の指導まで求められるのでしょうか。

A：コンピュータの出現以前は、図書館メディアは図書が中心でしたが、今後はデジタル化がますます進行しますので、情報技術の指導はある程度必要になります。
　しかし、学校図書館における情報メディアの活用では、情報技術つまりPC操作の指導が求められているのではありません。それ以前に大事なのは、情報活用に対する考え方を理解しておくことです。
　まず、情報活用能力育成の指導は、学校図書館が教育課程の展開に寄与する一環として行われるという考え方を学びましょう。情報機器は急速に進化していますから、AIなど科学技術の進歩は必ず指導する側の我々をもサポートしてくれるでしょう。

1.2 学校図書館メディアの種類と特性

学校図書館メディアは非図書資料の電子メディア（デジタル方式のメディア）を含む学校図書館の資料の総体を指します。本節では、印刷メディア、視聴覚メディア、電子（デジタル）メディアに、従来学校教育において利活用されてきた放送メディアを加え、学校図書館メディアの種類を4つに分けて説明します。

以降、本書では、特に断り書きのない場合、学校図書館メディアは、学校図書館の資料の総体を指します。

1.2.1 印刷メディア

教科書・図書・新聞・雑誌・刊行物等のことです。手にとって読みやすく通覧性に優れ、多くの場合持ち運びしやすいことが特徴です。記述されている内容はストーリー性があり、体系的に整理されています。

表1.1は、公益社団法人全国学校図書館協議会「学校図書館メディア基準」による「蔵書の最低基準冊数」[14]です。

表1.1 蔵書の最低基準冊数 [14]

(冊)

学級数	小学校	中学校	高等学校	備考
1〜6	15000	20000	30000	
7〜12	15000+700×A	20000+800×A	30000+900×A	A=6をこえた学級数
13〜18	19200+600×B	24800+700×B	35400+800×B	B=12をこえた学級数
19〜24	22800+500×C	29000+600×C	40200+700×C	C=18をこえた学級数
25〜30	25800+400×D	32600+500×D	43800+600×D	D=24をこえた学級数
31以上	28200+300×E	35600+400×E	47400+500×E	E=30をこえた学級数

1.2.2 視聴覚メディア

視聴覚メディアとしては、一般的に写真・ポスター・掛図・音声教材・映画・書画・OHPやビデオ、DVD、CDや映画などが挙げられます。視覚や聴覚に訴えるため、情報がわかりやすく伝わることが特徴です。リア

リティや臨場感のある指導を可能にします。

　視聴覚メディア教材は、教育活動における板書やプリントと比較して、学習者の視覚と聴覚の両者に強く働きかける特徴を持っています。表1.2は視聴覚メディア教材の特徴、特にメリットとデメリットを表にしたものです[15]。

表1.2　視聴覚メディア教材のメリットとデメリット [15]

	教育効果	教材の運用・管理
メリット	① 学習者の印象に残る ② 現実的な場面の提示ができる ③ 対面授業との相乗効果が期待できる	④ 必要な部分だけを利用することができる ⑤ 何度も利用でき、保管などの取り扱いが容易
デメリット	⑥ 集中が続かない ⑦ 教材の目的が伝わりにくい ⑧ 教員と学生のコミュニケーション不足の発生	⑨ 教材作成に多大な労力が必要 ⑩ 教材の配布が難しい ⑪ 著作権への配慮

　表1.3は公益社団法人全国学校図書館協議会学校図書館メディア基準による「視聴覚メディアの最低基準数」です[14]。

表1.3　視聴覚メディアの最低基準数 [14]

(枚)

学級数	小学校	中学校	高等学校	備考
1〜6	200	300	400	
7〜12	200+22×A	300+24×A	400+26×A	A=6をこえた学級数
13〜18	332+20×B	444+22×B	556+24×B	B=12をこえた学級数
19〜24	452+18×C	576+20×C	700+22×C	C=18をこえた学級数
25〜30	560+16×D	684+18×D	832+20×D	D=24をこえた学級数
31以上	656+14×E	792+16×E	952+18×E	E=30をこえた学級数

1.2.3　電子メディア

　デジタル方式のメディアで、非図書資料に属するものです。マルチメディア教材、デジタルコンテンツ・学習用ソフトウェア等を指します。電子メディアはコンピュータ上で作成、閲覧、配信、修正、保存可能で、Webページやサイト、データやデータベース、デジタル音声、電子書籍などが挙げられます。

公益社団法人全国学校図書館協議会学校図書館メディア基準では、表1.4のような「電子メディア数量基準数」を発表しています[14]。

表1.4 電子メディア数量基準数[14]

(件)

学級数	小学校	中学校	高等学校	備考
1〜6	1500	2000	3000	
7〜12	1500+70×A	2000+80×A	3000+90×A	A=6をこえた学級数
13〜18	1920+60×B	2480+70×B	3540+80×B	B=12をこえた学級数
19〜24	2280+50×C	2900+60×C	4020+70×C	C=18をこえた学級数
25〜30	2580+40×D	3260+50×D	4380+60×D	D=24をこえた学級数
31以上	2820+30×E	3560+40×E	4740+50×E	E=30をこえた学級数

1.2.4 放送メディア

テレビ放送・ラジオ放送のことです。学校向けの番組は、放送法第106条2に以下のように規定されています[16]。

> 基幹放送事業者は、国内基幹放送等の教育番組の編集及び放送に当たつては、その放送の対象とする者が明確で、内容がその者に有益適切であり、組織的かつ継続的であるようにするとともに、その放送の計画及び内容をあらかじめ公衆が知ることができるようにしなければならない。この場合において、当該番組が学校向けのものであるときは、その内容が学校教育に関する法令の定める教育課程の基準に準拠するようにしなければならない。

放送メディアの番組内容はストーリー性を持ち、映像・音声でさまざまな情報を伝えることができるので、社会的影響力が強いと言われます。

1.2.5 注意点と課題

電子（デジタル）メディアはデジタルのため劣化が少なく、複製や保存が容易で、文字、音声、映像、動画などを送るのに用いることができるのが特徴です。しかし、本などの印刷メディアや写真と異なり形がないため、取扱いのルールが異なることに注意しましょう。

　学校図書館では印刷メディア以外にすべてを揃えることは難しく、導入や管理に課題があります。しかし、電子（デジタル）教科書や児童生徒が 1人 1台の端末を持ち ICT 活用を行う GIGA スクール構想の進展により、学校は情報メディアを充実する必要に迫られています。従来の印刷メディアを中心とすることにこだわらず、各学校の実情に合わせて多様な情報メディアの充実を目指しましょう。

1.3　情報への接し方

　前節では、学校図書館メディアの種類と特性について概観しました。本節では、皆さんの着任校の実態に合わせて学校図書館メディアをどう生かすのか、学校図書館メディアへの接し方をどう指導していくのかについて考えましょう。

1.3.1　ALA による児童・生徒のための情報リテラシー基準

　全米図書館協会(ALA) は、1998 年に "The Information Literacy Standards for Student Learning"（児童・生徒のための情報リテラシー基準）を発表しました。これは今日においても基本的に変わりありません。内容は以下の通りです。

①情報に効率的にアクセスできる
②情報に対する判断能力を持つ
③情報を効果的かつ創造的に利用できる
④興味ある分野の情報を探索・利用できる
⑤創造的表現に対する鑑賞力がある
⑥情報探索法や知識の獲得法に習熟するよう努力する
⑦民主的な社会における情報の重要性を認識する
⑧情報や情報技術に関して倫理的な行動をとることができる
⑨情報を収集し生産する集団活動に参加できる

　このように、情報リテラシーの範囲は多岐にわたりますが、①～⑨の各段階の習得に図書館を活用した学習活動が貢献できるということは、図書館実践事例集[17]などで報告されています。

1.3.2　新学習指導要領における情報活用能力

　新学習指導要領は、小学校では2020年度、中学校では2021年度から全面実施され、高等学校は2022年度から学年進行で実施されます。「新学習指導要領のポイント（情報活用能力の育成・ICT活用）」では、情報活用能力は言語能力と同様に「学習の基盤となる資質・能力」と位置づけられています。

　「小学校においては、文字入力など基本的な操作を習得、新たにプログラミング的思考を育成」するとされ、「中学校においては、技術・家庭科（技術分野）においてプログラミング、情報セキュリティに関する内容を充実」するとされています。また、「高等学校においては、情報科において共通必履修科目「情報Ⅰ」を新設し、全ての生徒がプログラミングのほか、ネットワーク（情報セキュリティを含む）やデータベースの基礎等について学習」し、「選択科目「情報Ⅱ」を開設」するとなっています。

　このように、初等・中等教育の重要課題となっている情報活用能力の育成・ICT活用は、学校図書館の重要課題でもあります。2000年改訂の学習指導要領にて新設された「総合的な学習の時間」（2.3.1項参照）の「ねらい」には、情報活用能力の育成のヒントがあります。

①各学校の創意工夫を生かした、横断的・総合的な学習や、指導生徒の興味・関心に基づく学習などを通して、自らの課題を見つけ、自ら学び、自ら考え、主体的に判断し、よりよく問題を解決する資質や、能力を育てること。
②情報の集め方、調べ方、まとめ方、報告や発表・討論の仕方などの学び方や、ものの考え方を身に付けること。
③問題の解決や探求活動に、主体的、創造的に取り組む態度を育成すること。
④自己の生き方についての自覚を深めること。

　以上4点の「総合的な学習の時間」の「ねらい」は、情報活用能力（情報リテラシー）と重なりますので参考にしましょう。

1.3.3　情報を批判的に読む

　情報を活用するには、まず、すべての情報には何らかの偏りがあるということを認識しておきましょう。「あらゆる情報は、メディアに表現された時点で様々なバイアスが働き、加工されている」と考えなくてはなりません（図1.1）。

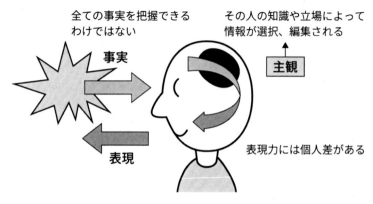

図1.1　すべての情報にはバイアスがかかっている（文献[18]を参照し作成）

　したがって、情報と接するときには、どこかに一つの「正解」があると考えるのではなく、すべてが疑いうると考える相対的な視点が必要になってきます[18]。情報を自分で分析・検討し、どのような見地で表現されたものなのかを評価しながら読むことをクリティカル・リーディングといい、これは情報を活用するために必要な能力です。自分自身で考えることが重要です。

＊質問と回答

Q：クリティカル・リーディングは国語科の読解とは違うのですか。
A：クリティカル・リーディングでは、自分の主張の裏付けが求められます。国語科でも批判的に読むという指導が行われていますが、読解で

は裏付けまで求めません。ですから、担当の先生と話し合い、児童生徒の実情に合わせて TT(team teaching) で授業をするといいですね。

1.4　電子メディア選択の視点

本節では、情報メディアの中でも特に電子メディアを選択するにあたって、司書教諭としてどのようなことに留意すべきかについて説明します。

1.4.1　情報環境の変化

1998年に学校図書館司書教諭講習規程が改正され、1999年に司書教諭科目は「学校経営と学校図書館」、「学校図書館メディアの構成」、「学習指導と学校図書館」、「読書と豊かな人間性」、「情報メディアの活用」の5科目10単位となりました。それ以前は、司書教諭科目は「学校図書館通論」、「学校図書館の管理と運用」、「図書の選択」、「図書の整理」、「図書以外の資料の利用」、「児童生徒の読書活動」、「学校図書館の利用指導」の7科目8単位でした。改正については、1994年にYahoo!が登場し、Amazon.comが設立され、1996年にHot Mailのサービスが開始され、1997年にGoogle検索が開始されたというような情報環境の激変があり、学校教育における情報環境もそれに伴い変化してきたという背景があります。

「学校図書館の利用指導」は「情報メディアの活用」という名称に変化しました。内容においては音声・印刷物の比重より電子メディアの比重が大きくなり、現在では電子書籍のみならず電子（デジタル）教科書などの媒体とのかかわり方を考えなければならなくなっています。

1.4.2　電子メディア選択の視点

文部科学省は「教育の情報化に関する手引」の中で、授業で使う教材や資料等を収集するためのICT (Information and Communication Technology、情報通信技術) 活用では「ICTを用い、効率的な収集方法で指導のねらいに沿った資料を、的確に収集できる能力を身に付けていくことが重要であ

る。」としています[19]。

　また、授業での教師によるICT活用では、留意点として次の4点を挙げています。

①学習に対する児童生徒の興味・関心を高める
②児童生徒一人一人に課題を明確につかませる
③わかりやすく説明したり、児童生徒の思考や理解を深めたりする
④学習内容をまとめる際に児童生徒の知識の定着を図る

　司書教諭は児童生徒に学校図書館における情報活用の目的を説明し、そのためにどのような電子メディアを選ぶのかを上記のような視点を持つよう意識させることが重要です。

1.5　学校教育と著作権

　2017年の新学習指導要領では、著作権や知的財産権について指導することが明記されています。本節では、児童生徒に著作権についてどのように指導していくべきかを学んでいきましょう。

1.5.1　新学習指導要領における著作権の扱い

　ネットワーク社会に実践的に参加して他者の存在を感じ、それらへの配慮を考える中で、著作権について知ることは大変重要なことです。著作権法第1条に「この法律は、著作物並びに実演、レコード、放送及び有線放送に関し著作者の権利及びこれに隣接する権利を定め、これらの文化的所産の公正な利用に留意しつつ、著作者等の権利の保護を図り、もつて文化の発展に寄与することを目的とする。」とあります[20]。

　2017年改訂の新学習指導要領解説[21]での著作権への言及を表1.5にまとめます。

表1.5　新学習指導要領解説での著作権への言及 [21]

新学習指導要領解説	記載内容
「小学校中学年 国語 2内容 C読むこと」の指導事項 「小学校高学年 国語 2内容 B書くこと」の指導事項	「引用者が自分の思いや考えを書くことなども指導する必要がある」、「著作権を尊重し、保護する」ことを言及
「小学校高学年 道徳 第3 指導計画の作成と内容の取扱い」	「情報モラル」の指導に留意することを言及
中学校「音楽」「美術」「技術・家庭」	著作隣接権や知的財産権の指導について言及
中学校「道徳」	「個人情報の保護、人権侵害、著作権等に対する対応、危険回避などネットワーク上のルール、マナーなど」の指導に留意することを言及
「高等学校 情報」	「情報通信ネットワーク上のルールやマナー、危険回避、人権侵害、著作権等の知的財産の保護等の情報及び情報技術を適切に扱うための知識と技能」を指導すること、「Webサイトなどで情報を発信する際には、著作権などに配慮する」こと、「知的財産や個人情報の保護と活用のバランスについて取り上げ、これらに配慮した法制度、これらを扱う上での個人の責任について理解させ、情報の収集や発信などの取扱いにあたって適切な判断ができるようにする」ことを言及

　このように新学習指導要領では、児童の発達段階を考慮しながら、初等教育段階から著作権に関して指導していくことが明示されています。中等教育段階に至っては、生徒自身が著作権に関するルールやマナーを守っているかを判断できるように指導することが求められるなど、社会活動に参画する態度を具体的に示していることが際立っています。

　司書教諭としても以上の記述を理解したうえで、各教科と連携して指導していきましょう。

1.5.2　学校教育における著作権に関する留意事項

　公益法人著作権情報センターでは「授業では教材としてさまざまな著作物を利用しますが、その多くは著作者の同意を必要としません。しかし、教育機関であれば、いかなる場合でも自由に利用できるわけではなく、利用にあたっては十分な注意が必要です。」[22]と、注意を促しています。

　学校図書館では、書籍やCD-ROM、ビデオテープなどの視聴覚資料の貸出や複写サービスにあたって、著作権法に反しないよう気を付けなけれ

ばなりません。学校図書館の経営を掌る司書教諭は、著作権に関する指導
内容を学校図書館スタッフである学校司書、係教諭だけではなく、全教科
担当者の共通認識として学校全体で共有できるようにする必要があります。
指導の際に留意する内容は次の事項が挙げられます。

①著作権者の了解を得ずに著作物を複製すること

　著作権法第35条に「授業の過程における使用に供することを目的とする
場合には、必要と認められる限度において複製できる」、とあります[23]。こ
こで言う「授業」には、通常の授業のほか、教育活動の一環としての文化
祭や運動会のような学校行事も含まれます。ただし、自宅学習、任意の部
活動や自主ゼミナール、広報への利用等は著作権者の許諾を得る必要があ
ります。

②教科の担当教員から依頼を受けて学校図書館スタッフが複製すること

　著作権法第35条では、「教育を担当する者」および「授業を受ける者」、
つまり担当教員や児童・生徒自身が複写をすることができるとあります。
なお、学校司書が教科の担当教員から複製の箇所や部数等について具体的
な指示を受けて複製をすることは可能です。

③CD-ROMの情報を出力したものを提供すること

　複製を行うには著作権法第31条の規定をすべて満たしていなければなり
ません。学校図書館ではこの条件をクリアできないため、CD-ROMの情
報を出力してプリントしたものを提供することは違法になります。

1.5.3　学校教育における授業目的公衆送信補償金制度

　従来は著作物をインターネット等により公衆送信することについては許
諾が必要でした。しかし、2020年4月28日からは、学校の設置者（教育
委員会、学校法人等）が指定管理団体（一般社団法人授業目的公衆送信補
償金等管理協会[24]）に補償金を支払うことによって、個別の許諾が不要に
なりました。

　また、新型コロナウイルス感染症の影響でオンライン授業の取り組みが広がることに対応するため、文化庁は2020年3月に「新型コロナウイルス感染症対策に伴う学校教育におけるICTを活用した著作物の円滑な利用について」[25]という文書を公表しました。そこでは2020年度に限り補償金は特例で無償とされました。ただし、制度の利用には、指定管理団体（一般社団法人新聞著作権管理協会、公益社団法人日本文藝家協会等）への届け出が必要です。

1.5.4　著作権について情報が得られる機関

　著作権について情報が得られる機関には以下のようなものがあります。

①文化庁[26]

　文化の振興および国際文化交流の振興、宗教に関する国の行政事務、著作権施策への取り組みや、著作権制度に関するさまざまな情報を提供している文部科学省の外局です。

②公益社団法人日本複写権センター[27]

　文化庁長官の指定を受け、著作物の複製等に関する権利を集中管理しています。日本国内の著作権だけではなく、国外にある同様の団体とも提携を進めており、国内における窓口となっています。

③社団法人著作権情報センター[28]

　著作権思想の普及および啓発活動、ならびに著作権制度の改善および適正な運用のための調査研究などを行っている公益法人です。無料の電話相談ができる著作権相談室や著作権に関する文献等を取り揃えた資料室があります。

＊質問と回答

Ｑ：著作権は大事ですが、学校図書館だけで児童生徒に指導できるのでしょうか。

A ：学校全体の取り組みとして各教科担当教員と話し合い、何回にも分け
　　て指導することで効果が上がります。学校経営の企画会議などで、司
　　書教諭から著作権法の指導について提案しましょう。

第2章

学校図書館における
情報メディアの活用と授業

　本章では、学校図書館における情報メディアの検
索や選択など、児童生徒の学びを指導するにあたっ
て必要となる基本的な知識を得られるように解説し
ています。また、情報メディアを使った調べる学習
の指導や、学校図書館におけるICTの活用と指導に
ついても学びます。

2.1　情報メディアの検索

　本節では児童生徒が必要とする情報メディアを効率よく探せるように支援するにあたって、司書教諭として学校図書館での情報メディアの検索と収集整理について知っておくべきことを学びます。

2.1.1　ブラウジング

　学校図書館は、生徒が情報や知識を活用して知的好奇心や探究心を高めていくことを支援する学習情報センターです。近年、学校図書館の図書資料や新聞・データベースなどを活用した探究型学習を行う学校が増えてきています。

　印刷媒体の図書資料は、あらかじめ組織化して蓄積されている情報の集合です。調べる対象や情報の載っている図書の探し方の一つに、ブラウジングという、偶然の発見（セレンディピティ）を期待して情報を探すという方法があります。具体的には、どのように探せばよいかわからない状態で、背表紙を見ながら書架の間を歩き、資料を探すことを言います。

　このような探索行動の手がかりになるのが日本十進分類法(Nippon Decimal Classification=NDC)です。米国の図書館学者デューイによって作られた十進分類法(Decimal Classification)がもとになっており、ルールブックは以下の3冊です。

①『日本目録規則』(Nippon Cataloging Rules：NCR)
　書名や著者名等、蔵書目録に記入する際の手順や記載の仕方を決めています。

②『日本十進分類法』(Nippon Decimal Classification：NDC)
　同じ内容の図書に数字を与えて、体系化します。

③『基本件名標目表』(Basic Subject Headings：BSH)
　図書の内容を表す言葉（主題(subject)）が集められています。

　印刷メディアの背ラベルと配架は以下の図2.1のようになります。背ラベルには、請求記号（分類番号／著者記号）が貼られています。分類番号は日本十進分類表の番号で、この番号をもとに資料が並んでいます。

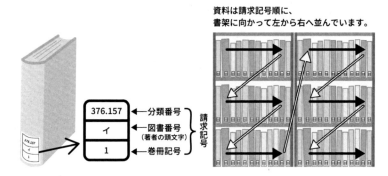

図2.1　背ラベルと配架

　日本十進分類法は改訂を重ね、現在使用されているのは第10版です（表2.1）。時代が移り変わるにつれて、世相に合わせた新しい項目が追加され、あまり使われない項目は縮小されて新陳代謝を重ねてきました。
　図書の内容によってもっと詳しい説明が必要な場合は、ゼロの部分に数字を入れて、細かな意味を付け加えていきます。例えば、「100」の哲学であれば、「120」で東洋思想、「121」で日本思想という分類になります。さらに校種や教科によって必要なときは、小数点以下の数字を付け、「121.5」（近世日本思想）というふうに展開していきます。

表2.1-1　日本十進分類法（文献[1]を参照し作成）

0 類 総記	1 類 哲学	2 類 歴史・世界史・文化史
000 総記	100 哲学	200 歴史・世界史・文化史
010 図書館・図書館情報学	110 哲学各論	210 日本史
020 図書・書誌学	120 東洋思想	220 アジア史・東洋史
030 百科事典・用語索引	130 西洋哲学	230 ヨーロッパ史・西洋史
040 一般論文集・一般講演集・雑著	140 心理学	240 アフリカ史
050 逐次刊行物・一般年鑑	150 倫理学・道徳	250 北アメリカ史
060 団体・博物館	160 宗教	260 南アメリカ史
070 ジャーナリズム・新聞	170 神道	270 オセアニア史・両極地方史
080 叢書・全集・選集	180 仏教	280 伝記
090 貴重書・郷土資料・その他の特別コレクション	190 キリスト教・ユダヤ教	290 地理・地誌・紀行

3 類 社会科学	4 類 自然科学	5 類 技術・工学・工業
300 社会科学	400 自然科学	500 技術・工学・工業
310 政治	410 数学	510 建設工学・土木工学
320 法律	420 物理学	520 建築学
330 経済	430 化学	530 機械工学・原子力工学
340 財政	440 天文学・宇宙科学	540 電気工学
350 統計	450 地球科学・地学	550 海洋工学・船舶工学・兵器・軍事工学
360 社会	460 生物科学・一般生物学	560 金属工学・鉱山工学
370 教育	470 植物学	570 化学工業
380 風俗習慣・民俗学・民族学	480 動物学	580 製造工業
390 国防・軍事	490 医学	590 家政学・生活科学

表2.1-2　日本十進分類法　（文献[1]を参照し作成）

6 類 産業	7 類 芸術・美術	8 類 言語
600 産業	700 芸術・美術	800 言語
610 農業	710 彫刻・オブジェ	810 日本語
620 園芸・造園	720 絵画・書・書道	820 中国語
630 蚕糸業	730 版画・印章・篆刻・印譜	830 英語
640 畜産業	740 写真	840 ドイツ語・その他のゲルマン諸語
650 林業・狩猟	750 工芸	850 フランス語・プロバンス語
660 水産業	760 音楽・舞踊・バレエ	860 スペイン語・ポルトガル語
670 商業	770 演劇・映画・大衆芸能	870 イタリア語・その他のロマンス諸語
680 運輸・交通・観光事業	780 スポーツ・体育	880 ロシア語・その他のスラブ諸語
690 通信事業	790 諸芸・娯楽	890 その他の諸言語

9 類 文学
900 文学
910 日本文学
920 中国文学
930 英米文学
940 ドイツ文学・その他のゲルマン文学
950 フランス文学・プロバンス文学
960 スペイン文学・ポルトガル文学
970 イタリア文学・その他のロマンス文学
980 ロシア・ソヴィエト文学・その他のスラブ文学
990 その他の諸言語文学

2.1.2　蔵書目録

　2017年の「学校図書館の現状に関する調査」によると[2]、今日では小学校で73.9%、中学校で72.7%、高等学校で91.3%と、ほとんどの学校で蔵書の書名、著者名、発行者、頁、概要などの書誌データの目録がPCに入力

され、データベース化されています。加えて、児童・生徒の学年、学級など
をコンピュータに登録し、バーコードなどを介して書籍の貸出管理をす
ることで、検索サービスの運用や各種統計処理などが効率的に行われてい
ます。

　まず、目的に合った蔵書を見つけるために、検索内容の把握、検索質問
のテーマに関連する検索語の選定など、情報ニーズの把握と明確化を目指
します。何を知りたいのか、書名がはっきりしない場合などには、分野や
領域の見当をつけて検索します。そこからさらに、網羅的な検索または特
定的な検索を選択したり、検索語の表記や検索機能を確認したりして、検
索を行います。

2.1.3　データベース

　データベースは、コンピュータによる加工や処理を目的として、特定の
方針に基づいて組織化された情報ファイルのことです。内容は、百科事典、
辞書・事典、翻訳、サイトガイド、法律、人物、植物・動物、年表、統計な
ど多岐にわたります。

　データベースを検索する場合には、言葉の表記のゆれや同形異義語によ
る問題が生じないように、語の意味や適用範囲を規定する必要があります。
「統制語」は図書館情報学やデータベースの分野で使われ、意味の範囲や使
い方があらかじめ選定された一連の語彙を指す言葉で、意味のあいまいさ
や同形異義・異形同義によって生じる検索の漏れと重複を防ぐことができ
ます。

　これに対し、私たちが日常的に使っている言葉を自然語と言います。例
えば、「本」、「図書」、「書籍」、「書物」、「ブック」はどれも本を表す自然語
ですが、データベースを検索する際には、『基本件名標目表』を参照して統
制語である「図書」に統一します。

　さらに詳しく調べたいときには、関連する語を導く参照語を探します。
参照語には、上位語（広義語）、下位語（狭義語）の区別があり、語の関係
が示されます。調べたい事柄に関する語をなるべく多く探すには、語形は
異なるが意味は同じである「同義語」や語形は異なるが意味が似通ってい

る「類義語」、語形も意味も異なるが関係して用いられる「関連語」を使います。また、専門用語を使うことも必要です。

　データベースを利用するメリットとしては、体系化された過去の大量の情報を一度にキーワード検索できることや、複数の紙媒体資料を広げる必要がないこと、インターネット検索による情報と比べて情報の信頼性が高いことが挙げられます。

　図書館内にPCブースを併設することで、本・データベース・Webとそれぞれの情報が同時に得られ、探究型学習の効率がよくなります。教科書教材だけでは補えない最新の時事問題を含めることで、表現力・語彙力・思考力を培うことができるという効果が期待できます。

2.1.4　学校に導入されているデータベースの例

　以下のデータベースは多くの学校で導入されているものです。大学図書館はもちろん、公共図書館で導入しているところもありますので、実際に操作してみましょう。

①ポプラディアネット[3]
学校図書館出版大賞を受賞した『総合百科事典ポプラディア』の内容をインターネットで利用できるように構築された、Webデータベースです。百科事典機能、音声や映像、リンク機能などがあります。

②ジャパンナレッジスクール[4]
2021年4月1日から、中学校、高等学校向けのオンライン総合学習支援ツールとして、オンライン辞書・事典サイトであるジャパンナレッジを母体にサービスを開始したものです。全教科の百科事典であり、国語、外国語、地理歴史、理科、数学、総合・探究等科目ごとに対応したコンテンツが搭載されています。

③聞蔵 Ⅱビジュアル[5]ほか、新聞データベース
　『聞蔵 Ⅱビジュアル』は、朝日新聞、『週刊朝日』、『AERA』の全文記事

データベースです。全文一致のキーワード検索、発行日検索、面名検索などニーズに合わせた検索条件で簡単に検索できます。沖縄を除く46都道府県の全地域面を収録しているので、地域のニュースも読めます。東京本社発行朝刊のほとんどの記事は、当日の朝6時から検索ができます。

④先生のための授業に役立つ学校図書館活用データベース[6]
東京学芸大学 学校図書館運営専門委員会による、無料でアクセスできるWebサイトです。幼・小・中・高・特別支援学級における、学校図書館を使った実践事例データベースで、今月の学校図書館、学校図書館の日常（トピックス・よみきかせ・ブックトーク・広報・展示等）、資料アラカルト、テーマ別ブックリストが掲載されています。特に、「先生のための授業に役立つ学校図書館活用データ」では多様な学校図書館教材を活用した授業事例を見ることができ、参考になります。

2.2　学校図書館の情報メディアを活用するためのサービス

　本節では、児童生徒が探索行動をするにあたって司書教諭が提供するサービスについて説明します。直接に支援する場合とブックリストなどで資料紹介をする以外に、情報探索の道しるべとしてのパスファインダーについて述べます。

2.2.1　書籍の検索

　学校図書館による児童生徒への直接支援として、司書教諭が複数館のOPAC(Online Public Access Catalog)から検索し、その結果を提供することもあります。OPACは図書館資料の書誌情報や所蔵情報を電子化した機械可読目録であるMARC(MAchine-Readable Cataloging)のデータをもとにオンラインで蔵書を検索できるシステムのことです。
　図書館は所蔵資料の管理のために書誌データをデータベース化し、複数

の図書館が共同でオンライン共同分担目録を作成しています。これにより複数の機関の所蔵資料を一括して検索することができます。このようなシステムを横断検索システムと言います。国内の代表的な書誌データのデータベースOPACを以下に挙げます。

①国立国会図書館OPAC(NDL-OPAC)[7]
国立国会図書館が資料・情報を調べるためにWebページ上で提供しているデータベース・コンテンツです（表2.2）。

表2.2　国立国会図書館Webサービス一覧（抜粋）[7]

カテゴリ	サービス名	概要
情報探索ポータル	国立国会図書館サーチ	全国の公共図書館、公文書館、美術館や学術研究機関等が提供する資料、デジタルコンテンツを統合的に検索できるサービスです。
	国立国会図書館典拠データ検索・提供サービス（Web NDL Authorities）	国立国会図書館で作成し維持管理する典拠データを、一元的に検索・提供するサービスです。
子ども向けサービス	キッズページ	国立国会図書館や国際子ども図書館についてわかりやすく解説するとともに、子どもたちの調べものをお手伝いするためのサイトです。小学校3年生くらいをおもな対象としています。
	子どもOPAC	小学生向けの国際子ども図書館の蔵書検索システムです。子どものへや・世界を知るへや、調べものの部屋の資料と、国際子ども図書館全体の所蔵資料が検索できます。

②CiNii Books
全国学術図書館の総合目録です。国立情報学研究所が運用する目録所在情報サービス(NACSIS-CAT)に蓄積されてきた全国の大学図書館等約1200館が所蔵する約1000万件の本の情報を検索することができ、誰でも登録なしで利用できます。所蔵館情報は週1回更新されており、目的の資料が全国のどこの図書館にあるか確認することができます。また、各館のOPACへ直接リンクしており、特定の地域や特定の図書館で絞り込みが可能です。

③カーリル

国内の公共図書館、大学図書館、専門図書館を含む6000館以上のOPAC
や、Amazon.comの書誌情報等を横断検索できます。キーワード検索とカ
テゴリー検索ができ、作家別リストでジャンルから作家名を五十音順にた
どることもできます。また、各図書館の貸出状況の確認や、検索対象図書
館の選択・登録が可能です。

2.2.2　雑誌の検索

　学術雑誌の記事において検索対象となる情報には、一次情報と二次情報
とがあります。一次情報とは、新しい、オリジナルな研究成果や知見など
の記録のことで、原著論文・学会抄録・学位論文・図書・各種研究報告書・
特許などが該当します。

　二次情報は、一次情報を検索できるように加工したもので、一次情報に
アクセスするための資料といえます。索引誌・抄録誌・データベース・文
献目録・所蔵目録などがこれにあたり、情報を得るには検索語の工夫が必
要になります。

　全文データベース検索では、任意の言葉で手がかりとなる情報を検索で
きます。ただし、検索結果に表示された一次情報を閲覧するためにはアク
セス権限が必要な場合もあり、図書館の契約など、利用者個々の利用環境の
影響を受けます。一次情報を閲覧できない場合はOPACで所蔵調査をし、
必要な資料がない場合は、それを所蔵している他図書館等に閲覧・複写・
貸出の依頼をするILL（図書館間相互利用）サービスを利用するとよいで
しょう。

　国立情報学研究所によるCiNii Articlesでは、学協会刊行物・大学研究
紀要・国立国会図書館『雑誌記事索引』などの学術論文情報を検索できま
す。商業雑誌の記事索引としては、評論家・大宅壮一のコレクションを核
とした大宅壮一文庫が運営する、一般娯楽雑誌を対象とした記事索引Web
OYA-bunko（有料）があります。

■雑誌の種類

　雑誌は、一つのタイトルのもとに、終期を予定せず巻次・年月次を追って継続刊行される逐次刊行物の一種で、その媒体は問いません。逐次刊行物には雑誌、新聞、年報、年鑑、団体の紀要、会報、番号付けのあるモノグラフ・シリーズなどがあります。また、一定期間（通常、週刊、旬刊、隔週刊、半月刊、月刊、隔月刊、季刊、年3回刊、半年刊）をおいて刊行される定期刊行物と、不定期刊行物があります。一般的に以下のように分類されます。

・商業雑誌
　書店などで一般的に販売される雑誌で、その種類は4000を超えます。
・学会誌、協会誌
　主に学術団体や学協会の会員を対象に頒布される学術雑誌です。
・紀要
　大学・研究所などで発行し学術論文を掲載する論集などの雑誌をいいます。
・業界誌（紙）
　ある一定分野の業界の情報を中心として発行されています。
・同人誌
　同好の人が編集・発行し、作品などを発表する雑誌です。
・社内誌、社内報
　会社組織内での広報を目的とする刊行物です。
・PR誌
　商品や会社の広報誌です。
・ニュースレター（速報）、会報
　ページ数は少ないですが速報性の高い刊行物です。
・電子雑誌、エレクトロニックジャーナル
　オンライン上でのみ情報提供しており、技術・工学・医学分野に多く見られます。

2.2.3　レファレンスサービスとレフェラルサービス

　児童生徒の探索行動に際し、児童生徒が求めている情報や資料を司書教諭が提供・提示し援助することを、レファレンスサービスといいます。一方、レフェラルサービスとは、児童生徒の求める情報を入手するために自校の資料以外のものが必要だと判断した場合に、案内や紹介を行うことをいいます。司書教諭がほかの図書館類縁機関に直接連絡し、資料入手等の手はずを整え、連絡調整などをします。

　一定量の専門分野の資料を持ち、それを一般公開または限定公開している専門情報機関を図書館類縁機関と呼び、例としては次に示す公文書館・

資料館が挙げられます。

・国立公文書館（旧内閣文庫）
・外務省 外交史料館
・アジア歴史資料センター
・防衛省 防衛研究所 史料閲覧室

　国立公文書館とアジア歴史資料センターは、デジタルアーカイブも運営しています。その他図書館類縁機関には博物館、文書館、自治体史編纂室、公民館、行政資料室、記念館および資料館などがあります。

2.2.4　パスファインダー

　学校図書館による、情報メディアを介した間接サービスの一つに、パスファインダーがあります。パスファインダーとは、あるテーマに関する資料や情報を探すための手順を簡単にまとめたものです。

　学校では、各学校で毎年各教科が同じような課題を出す場合があります。そこで、学校図書館であらかじめ自校の図書資料やアクセス可能なWeb情報源などを探すための手順を提示しておき、デジタル化していつでも見られるようにしておくとよいでしょう。

　児童生徒にとって、パスファインダーには、主体的な資料・情報の収集ができること、情報メディア活用能力の向上となること、読書領域の広がりが期待できることの3つの意義があります。一方、学校図書館にとっては、学校図書館をあまり利用しない潜在的利用者への働きかけができる、多様なメディアを紹介することができる、迅速な情報提供ができるという意義があります。以下に、パスファインダーの例を示します。

獅子文六

〜今読み直したい昭和の名作家〜

本の表紙を載せ視覚で惹きつけている。

1.解題

戦前から昭和の中期まで絶大な人気を誇り、その作品の多くは映像化されるほどの国民的作家でありながら、没して以降は"忘れられた作家"と呼ばれた、獅子文六。

一般の読者にとってはなかなかその作品を気軽に読めなくなっていた中、**2013**年からちくま文庫での刊行が始まり出した。

そこで今回は獅子文六について探すための情報源をいくつかあげ、彼の現代にも通じる「モダン」な感性とユーモアのある作品を知ってもらうきっかけを作りたい。

解題（解説）としてテーマの魅力をアピールしている。

2.主要情報源

～そもそも「獅子文六」って誰？～
作家について知りたい場合は、人名事典などで調べられる。

〈辞典例〉
『日本近代文学大辞典』
講談社　**1977.11-**

臼井勝美 他編
『日本近現代人名辞典』**77**
吉川弘文館　**2001.7**

情報源として第一に辞典を挙げている。調べるときの第一歩となる。

3.図書を探す

●国内で刊行されている図書を探す
○「NDL－OPAC」 https://ndlonline.ndl.go.jp/#!/
国立国会図書館の蔵書目録。国内で刊行されている図書や雑誌が検索できる。

○「Books.or.jp」 http://www.books.or.jp/
国内で発行された入手可能な書籍が検索できる。
出版社のホームページやオンライン書店へのリンクもある。

印刷メディアの例示がある。

4.新聞記事を探す

● 新聞記事の探し方
　○ データーベース
　探しているテーマの新聞記事をテーマ、キーワード、
日付等から検索して全文を読むことができる。
〈本学で利用できるデーターベース〉
・聞蔵Ⅱ（朝日新聞）

〈こんな新聞記事が検索できます〉

記事情報
（声）獅子文六、現代に通じる作品【大阪】
（今こそ獅子文六）おしゃれで上質なユーモア
（試写室）『悦ちゃん　昭和駄目パパ恋物語』おきゃんな娘が父を叱咤

特に資料としての価値が高い新聞記事を調べるための方策を示している。

5.WEBサイト

● 代表的なサーチエンジン
「GOOGLE」HTTPS://WWW.GOOGLE.CO.JP/
独自方式＝リンクを利用したページ分析による重要度判定を
検索結果に反映。

● 筑摩書房専用サイトで図書を調べる。
HTTP://WWW.CHIKUMASHOBO.CO.JP/SPECIAL/SHIS
HI BUNROKU/

最後にWebサイトでさらに調べるための方策を示している。

2.3　情報メディアを使った学習の指導

　本節では情報メディアを使って調べる学習をどう指導するか、指導案を作成してみましょう。学校図書館には、学習センターとしての機能を果たすために必要な資料が集められています。しかし、実際には資料にあたる以前の問いを立てる段階から指導が始まります。どのようにしたら児童生徒の自発的な営みになるか考えていきましょう。

2.3.1　調べるとは

　文部科学省では、2017年の小学校学習指導要領（平成29年告示）の【総合的な学習の時間編】解説において、次のように述べています[8]。

> 　総合的な学習の時間は、児童が自ら学び、自ら考える時間であり、児童の主体的な学習態度を育成する時間である。また、自己の生き方を考えることができるようにすることを目指した時間である。その意味からも、総合的な学習の時間において、児童の興味・関心に基づく探究課題を取り上げ、その解決を通して具体的な資質・能力を育成していくことは重要なことである。

　また、中学校学習指導要領（平成29年告示）解説の【総合的な学習の時間編】では、「探究的な学習を実現するため、「①課題の設定→②情報の収集→③整理・分析→④まとめ・表現」の探究のプロセスを明示し、学習活動を発展的に繰り返していくことを重視」と述べています[9]。

　さらに、2017年の学習指導要領告示では、高等学校の「総合的な学習の時間」が2022年度から「総合的な探究の時間」になるとされました。「総合的な探究の時間」の目標は「自己の在り方や生き方を考えながら、課題を発見して解決していく」こととされています[10]。

　以上のように、総合的な学習の時間は、調べることから探究することに進んでいます。

　従来の調べる学習では学習者自らが「なぜ」「どうして」という疑問を持てないまま探究の課題が受動的に設定されるため、探究型学習のスタート

から児童生徒は主体的に取り組めないといった現状が見られるという問題点が指摘されてきました[11]。

　そもそも疑問や解決したいことを聞いても、児童生徒が明確に答えられるわけではありません。そこで指導者が個々の児童生徒の好きなことを具体的に聞き出し、さりげなく課題を提案してみることも必要です。そのためにも、学校図書館には多様な情報メディアを用意しておく必要があるのです。

　教科担当者や司書教諭は、児童生徒が「なぜ」「どうして」と自問自答すること、つまり思考の訓練を奨励し、指導する必要があります。それによって児童生徒は気づきを得て課題を明確にすることができます。調べるとは、思考を深め、自分なりの答えや解決法を探るための過程なのです。

2.3.2　児童生徒による情報メディアの活用

　児童生徒は、以下に示すように情報メディアを活用します。

①探究型学習での活用

　探究型学習では、児童生徒が各自の調べたいテーマに沿って情報を収集し、内容を理解したうえで自分の考えと結び付けて発展させ、読み手にわかりやすいようにまとめて、発表したりレポートにしたりします。印刷メディアを調べるだけではなく、電子メディアからも情報を収集します。

②教科学習での活用

　教科学習においても、探究型学習と同じく情報を収集し、発表したりレポートにしたりします。しかし、教科学習の場合は課題として特定のテーマが出されるので、学校図書館としてはテーマに合った資料を集めておく必要があります。

③総合的な学習での活用

　総合的な学習では、自ら課題を見つけ、主体的に判断し、問題を解決する資質や能力を育成する教科横断的・探究的な学習を行います。文部科学

省では、「総合的な学習（探究）の時間は、変化の激しい社会に対応して、探究的な見方・考え方を働かせ、横断的・総合的な学習を行うことを通して、よりよく課題を解決し、自己の生き方を考えていくための資質・能力を育成することを目標にしている」と述べています。これを受けて、情報メディアの活用では、情報の収集・整理だけでなく、近年では自ら考えをまとめ、情報発信することが重視されています。

2.3.3　情報資源を活用する学びの指導体系表

　全国学校図書館協議会は2019年に「情報資源を活用する学びの指導体系表」[12]を発表し、次の4項目について、小学校低学年、小学校中学年、小学校高学年、中学校、高等学校の各学年で何を学ぶべきかを示しています。

①課題の設定
②メディアの利用
③情報の活用
④まとめと発信

　表2.3は、「情報資源を活用する学びの指導体系表」のダイジェスト版です。ここには、小学校低学年からコンピュータやタブレットを利用して学習することが想定され、2023年度までに児童生徒が1人1台の端末を持ちICT活用を行う「GIGAスクール構想」を予想していたかのような取り組みが盛り込まれています。

　この指導は司書教諭一人でできるものではありません。しかし、情報メディアを使うことでより深い学びになるのは自明のことですから、このような体系表をたたき台に学校全体で情報メディアの活用計画を検討しておく必要があります。

　重要なのは、児童生徒が問題あるいは課題を把握し、メディアや情報から必要な内容を探し、自分の考えを深め、最終的に自分が学んだことや得られた結果を発表するというプロセスを示すことです。司書教諭は、このような体系表を用いて各校の現状に応じて方向性を導くコーディネーター

になりましょう。

表 2.3　「情報・メディアを活用する学びの指導体系表」ダイジェスト版
（文献 [12] を参照し作成）

	課題の設定	メディアの利用	情報の活用	まとめと発信
小学校・低	◎課題をつかむ ◎学習計画を立てる	◎学校図書館の利用方法を知る ◎学校図書館メディアの利用方法を知る	◎情報を集める ◎記録の取り方を知る	◎学習したことを相手や目的に応じた方法でまとめ、発表する ◎学習の過程と結果を評価する（自己評価・相互評価）
小学校・中	◎課題をつかむ ◎学習計画を立てる ◇調べる方法を考える	◎学校図書館の利用方法を知る ◎公共図書館の利用方法を知る ◎学校図書館メディアの利用方法を知る	◎情報を集める ◎記録の取り方を知る ◎集めた情報を目的に応じて分ける ◎情報の利用上の留意点を知る	◎学習したことを相手や目的に応じた方法でまとめ、発表する ◎学習の過程と結果を評価する（自己評価・相互評価）
小学校・高	◎課題をつかむ ◎学習計画を立てる	◎課題をつかむ ◇調べる方法を考える	◎情報を集める ◎記録の取り方を知る ◎情報の利用上の留意点を知る	◎学習したことを相手や目的に応じた方法でまとめ、発表する ◎学習の過程と結果を評価する
中学校	◎課題を設定する ◇目的に合った発想ツールを使う ◎学習計画を立てる ◇調べる方法を考える ◇学習の見通しをもつ	◎課題を設定する ◇課題設定の理由を文章で書く ◇目的に合った発想ツールを使う ◎学習計画を立てる ◇調べる方法を考える ◇学習の見通しをもつ	◎情報を収集する ＊電子メディア ＊人的情報源、フィールドワーク ◎情報を記録する ◎情報を分析し、評価する ◎情報の取り扱い方を知る ＊情報モラル	◎学習の成果をまとめる ◎学習の成果を発表する ◎学習の過程と結果を評価する（自己評価・相互評価） ◎課題設定や学習計画の妥当性を検証する ◇利用したメディア、情報を評価する
高等学校	◎課題を設定する ◎学習計画を立てる ◇課題解決の戦略・方策を検討する ◇まとめ方の構想を立てる	◎学校図書館の機能を理解し、効果的に活用する ◎目的に応じて各種施設を利用する ◎メディアの種類や特性を生かして活用する	◎情報を収集する ◎情報を記録する ◎情報を分析し、評価する ◎情報の取り扱い方を知る ＊インターネット情報 ＊著作権、知的所有権 ＊情報モラル ＊個人情報の保護	◎情報を収集する ◎情報を記録する ◎情報を分析し、評価する ◎情報の取り扱い方を知る ＊インターネット情報 ＊著作権、知的所有権 ＊情報モラル ＊個人情報の保護

凡例「◎」指導項目「◇」内容「＊」例示

2.3.4　調べる学習の手順

司書教諭自身が「調べる学習」を実際に行い、以下のようなプロセスを

見せることで、児童生徒の中にイメージが浮かびます。まず、やって見せることが肝心です。

①現状の分析

　最初に、わからないことや解決しなければならない問題（課題）は何なのかを明らかにする必要があります。最終的な目的は何で、その目的の達成のために何が明らかになればよいのか、どんな情報があれば問題の解決に結び付くのかを考え、必要とするキーワードを探し出します。

②情報源の考察

　辞書・事典で自分が関心や興味を持っていることを調べるだけではなく、誰が、あるいはどんな機関が情報を持っていそうかということも考えます。

③情報の収集

　書籍、雑誌、インターネット、メディア（テレビ・ラジオ・新聞）、人と人とのコミュニケーションなどから情報を集めます。ベースとなる自分の意見も必要です。情報収集は自分の意見や知見をさらに補強するためのものです。根本的に意見が覆ってしまうような場合は、最初から意見に対して自信がなかったのかもしません。また、深く考えていなかった可能性もあります。

④集めた情報の取捨選択

　手に入った情報を読み込みながら、使えそうか、役に立ちそうかを判断します。その際には、次の点を基準にします。
・最新の学術成果をふまえているか。
・その主題分野の専門家の著作なのか。
・引用や参照の出典が明記されているか。
・作品リスト、図録、年号が掲載されているか。
・次に進むべき道筋（参考文献、文献案内）が示されているか。

　以上のプロセスをふまえ、PowerPoint等を使ってまとめます。題材は

自由です。ただし、自分自身の「なぜ」「どうして」という疑問から始めてください。

＊質問と回答

Q：「なぜ」「どうして」が見つからない場合はどうしたらよいのでしょう。
A：新聞記事を見てみましょう。各新聞社のWebサイトや全国新聞ネット「47NEWS」などに興味をひくものがあるはずです。

2.4　プレゼンテーション資料作成と発表

　本節では、2.3.4項で述べたPowerPointを使ったプレゼンテーション資料作成の具体的なプロセスを解説します。

2.4.1　司書教諭としてのプレゼンテーション資料の構成と作成

　本項から2.4.3項までは、本書を使って学習している皆さんがお互い司書教諭になったつもりで、それぞれプレゼンテーションを行う演習を想定しています。

　まず、対象とテーマを設定し、プレゼンテーション資料を作成します。プレゼンテーション資料の構成は、おおむね以下のようにするとよいでしょう。PowerPointの枚数は自由ですが、時間は長くても5分までとします。

①はじめに：調べたいと思ったわけ
②調べ方：方法や順序
③わかったこと
④おわりに：考えたことや思ったこと
⑤資料リスト

　以下のような点に注意して、プレゼンテーション資料を作成しましょう。

・目次を作る。
・PowerPoint1枚につき1つの内容とする。
・画像や図を効果的に使う。
・聞き手の視線はスライドの「左上→右上→左下→右下」というZの法則で動くことを意識する。
・配色やデザインに配慮する。
・難しい言葉は使わない。
・文献を引用する場合は、引用部分が短い場合は「」で括り書き写す。引用部分が長い場合は、本文よりも文字頭を下げて書き始める。

また、⑤の資料リストについては、以下のように書誌情報の書き方を統一します。

・図書：著者名『書名』刊行年、出版社名
・図書収録論文：著者名「文書タイトル」、『書名』刊行年、出版社、該当ページ
・雑誌収録論文：著者名「文書タイトル」、『雑誌名』巻号、刊行年月、該当ページ
・新聞記事：著者名「記事タイトル」、『新聞名』刊行年月日、掲載面
・インターネット資料：著者名「当該ページのタイトル」『Webサイト名』Webサイトの最終更新日、Webサイト運営者、URL、［閲覧日］

作成例
　テーマは「北海道の観光」です。対象は中学生で、総合的な学習を想定して作成されました。特に評価できるのは、図やグラフを入れていること、調べてわかったことに加え、最後に感想をまとめている点です。

～資料や情報の収集～

①コトバンクによって「北海道」について調べた。

▶ 「支笏洞爺，大雪山，阿寒，知床，利尻礼文サロベツ，釧路湿原の各国立公園や
大沼，網走，ニセコ積丹小樽海岸，日高山脈襟裳，暑寒別天売焼尻の各国定公園
があり，12の道立自然公園を含めて，観光資源が豊かである。」
（ブリタニカ国際大百科事典 小項目事典の解説より）

▶ 「観光では，変化に富んだ火山景観，原生林，温泉，湖沼など雄大な自然を残し，
阿寒国立公園・大雪山国立公園・支笏洞爺国立公園・知床国立公園・利尻礼文（り
しりれぶん）サロベツ国立公園・釧路湿原（くしろしつげん）国立公園の6つの国立公
園と，5つの国定公園，12の道立自然公園がある。このうち釧路湿原は1980年（昭
和55）に日本初のラムサール条約登録湿地となり，知床は2005年（平成17）に世
界遺産（自然遺産）に登録された。ほかに，ニセコやトマムなどのスキー場，旭
山動物園は全国的に有名。さっぽろ雪まつり・おたる潮まつり・あばしりオホー
ツク流氷まつり・函館港まつりなどの観光行事も盛ん。」
（日本の地名がわかる事典の解説より）

▶ 「オホーツク海に面する国内唯一の地方として流氷がみられ，また温暖な国土の
なかでは寒冷な気候条件から山容が緩やかで雄大感があり，開発の歴史が新しく
未開の原始景観の残ることと相まって，魅力を高めている。」
（日本大百科全書（ニッポニカ）の解説より）

p.4 「調べ方」を説明

* 補足

▶ 観光入込客数とは？

①グーグルで検索したところ，観光庁のHPに説明があった。
　→新たな疑問「北海道は本当に観光客数は多いのか？」

②「平成25年観光入込客統計」を見てみた。

③上位10位までをグラフ化してみた。

p.5 「調べ方」を説明

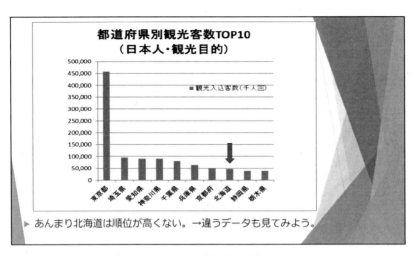

p.6 グラフを用いて北海道観光の現状を伝えている

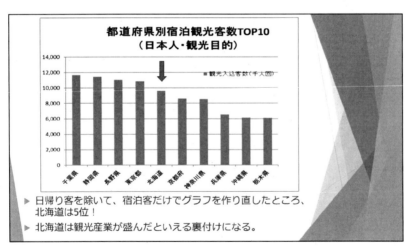

p.7 グラフを用いて北海道観光の現状を伝えている

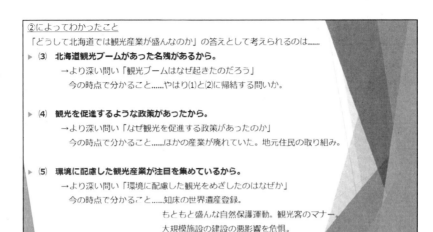

p.9 わかったことを文章化してまとめている

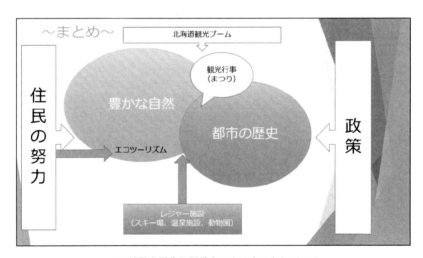

p.10 結果を図化し説得力のあるものとしている

2.4.2　発表

　作成したPowerPointによるプレゼンテーション資料を使用し、発表を行います。以下に示すプレゼンテーション発表のポイントをきちんと押さ

えつつ、自分なりに工夫してやってみましょう。

①大きな声でゆっくりと話しましょう

　心持ちゆっくりと大きな声で話すように心がけてください。緊張していると、自分が思っている以上に早口になり、調子が高くなりがちです。日頃の会話より少しゆっくりと、低めの声を出すことを意識してみましょう。落ち着いているように見え、聞き手に好印象を持ってもらえます。

②アイコンタクトをしっかりとりましょう

　聞き手の中には、しっかりとうなずきながらこちらを向いて話を聞いてくれる人がいます。その人に語りかけるようにすると緊張がほぐれ、楽に話をすることができるでしょう。それができたらほかの人とも順番にまんべんなくアイコンタクトをとっていきましょう。

③掴みや注意喚起の質問を入れましょう

　まず、掴みと言って、聞き手の気持ちを惹きつけるための簡単な質問をしましょう。また、利き手の気持ちが途中で離れてしまったと感じたときにも、簡単な質問を投げかけて答えてもらうと、聞き手の気持ちが自然とこちらに向くでしょう。

④心を込めて情熱を持って話しましょう

　発表者が心を込めて情熱を持って聞き手に語りかければ、聞き手は、きっと話に引き込まれるでしょう。そのためには、話す内容に自信を持つことです。独りよがりにならないように注意する必要がありますが、よくやってきたその結果を発表しているのだからと自分に酔うことも大切です。

　司書教諭は同僚の教師の前でもプレゼンテーションを求められることがあり、そういう機会に練習して場数を踏むことによって、自然に上達していきます。まずはやってみましょう。実際にやってみることによって、プレゼンテーション発表の際のポイントの一つ一つが理解できるようになります。

2.4.3 評価票記入

　順に発表が終わったら、相互評価と自己評価を行いましょう。互いの良いところを見つけることができれば、自分の現状を分析することができ、自律的に発表を改善することにつながります。

（1）相互評価

　プレゼンテーションについては、図2.2のようにカード形式で簡単に相互評価を行うとよいでしょう。これにより、ほかの人の良いところを取り入れ、自分にはない視点を得ることができます。そして何より、ほかの人の考えを尊重する姿勢が生まれます。

　プレゼンテーション評価票の1から6は、以下のチェック項目に対応しています。それぞれに評価してみましょう。

1. プレゼンテーション資料に目次がありますか。
2. プレゼンテーション資料は1ページにつき1つのアイディアになっていますか。
3. 聞き手の視線が左上→右上→左下→右下と動くことを意識してプレゼンテーション資料を作っていますか。
4. プレゼンテーション資料の色使いやデザインに配慮していますか。
5. プレゼンテーション資料に画像や図がある場合はそれぞれが効果的ですか。
6. プレゼンテーション資料に難解な文字を使ったりしていませんか。また、発表において難しい言い回しをしていませんか。

プレゼンテーション評価票

学籍番号　　　　　氏名

発表者	タイトル	1	2	3	4	5	6	取り入れたい点

図2.2　プレゼンテーション評価票

（2）自己評価

　最後に、自分で自分を採点してみましょう。演習で行ったことが自分に
どのような変容をもたらしたのかという部分に焦点を当て、今後の活動に
役立てるためです。図2.3のように、簡単にチェックできるカードを使用
するとよいでしょう。

振り返りカード

学籍番号

氏　名

テーマ「　　　　　　　　　　　　　　　　　　　　　　　　　　　　」

新聞を活用した調べ学習を振り返り、あてはまるところに○をつけてください。

| 4；とてもよくできた。　　3；できた。　　2；あまりできなかった。　　1；できなかった。 |

4　3　2　1

①自分の課題を見つけることができた。

②自分に何ができるかを考えながら学習課題をつくることができた。

③課題を計画どおりに進めることできた。

④必要な資料をたくさん集めることができた。

⑤調べたことをまとめることができた。

メモ

図2.3　振り返りカード

2.4.4　児童生徒の探究学習プロセス

　司書教諭が発表をして見せた後、実際に児童生徒を指導して調べる学習に挑戦してもらうのですが、この項ではそうした場合の指導のプロセスを説明・整理します。

　従来の講義型・一斉指導では往々にして問いに対する答えは一つで、学習者の心が動かない状態でした。一方、課題解決型の問いでは問いに対する答えは一つではなく、思考し、自分で判断し、表現するプロセスを経る

ので、心が動くのです。

　探究活動では、探究学習プロセスを設けます。これは基本的に 2.3.4 項で示した手順と同じです。司書教諭の発表と同様に、最後に自分の考えや発見をレポートあるいはプレゼンテーションを通して述べさせましょう。

　児童生徒が自分で問題を設定する探究活動では、児童生徒の様子に以下のようなことが見られると心が動いていると考えられています。

①事象を捉える感性や問題意識が揺さぶられて、学習活動への取り組みが真剣になる。
②身に付けた知識・技能を活用し、その有用性を実感している。
③見方が広がったことを喜び、さらなる学習への意欲が高まっている。
④概念が具体性を増し、事柄への理解が深まっている。
⑤学んだことを自己と結び付けて、自分の成長を自覚したり自己の生き方を考えたりしている。

　これらが児童生徒の様子に見られるか、ということに注意を払い、見つけて奨励していくことで、児童生徒を自発的探究活動へ導くことにつながります。

2.4.5　学習の自己評価：ルーブリックの作成

　児童生徒が自律的に自己評価し、自発的に改善に向かうにはどういう仕掛けが必要でしょうか。本項では、そのような仕掛けとして定評がある「ルーブリック」という評価票について説明し、その作成を行います。

　ルーブリックは、簡潔に言うと「生徒の評価項目ごとのパフォーマンスの質がどの尺度にあたるかを、段階的に評価する基準表」です。テスト形式の方法では評価が難しい「技能」「表現力」「思考力」「判断力」といった実演でのパフォーマンスや、「興味・関心」「意欲」「態度」といった課題への取り組み姿勢を、適切に評価することができます。また、学習者に評価基準を教えることで、学習の中で「今、自分がどの項目をどれくらいできているのか？」という自己評価をしやすくなります。

　さらに、ルーブリックには評価項目と評価基準を調整できるという特徴があります。学習者の意見をルーブリックの作成に取り入れることで、より学習者の主体性と意欲を引き出す教育の設計が可能になります。

　例えば、図2.4はプレゼンテーションに関して著者が作成したルーブリックです。到達度は現段階の自分への評価です。数字が大きくなるにしたがって、現段階から次の段階に進むためのヒントが示されるようにします。

＜プレゼンテーション＞に関するルーブリック 学籍番号 氏　名				
到達度　　観点項目	4	3	2	1
思考の評価基準：構成	論理的に構成され聴衆が興味を持って引き込まれる	論理的に構成され説明は理解できる	構成が適切でないので理解しにくい	論理的な構成ではない
単元のねらいに即した評価基準：内容への知識・理解	プレゼン内容を実証するような内容への知識・理解がある	プレゼン内容への知識・理解はあるが詳しく説明できない	プレゼン内容への知識・理解が浅いので質問に答えられない	プレゼン内容への知識・理解が乏しい
学習者評価基準：図や表を使っての見せ方	プレゼン内容を補強するような効果的な図や表を使っている	プレゼン内容がわかる程度の図や表を使っている	図や表を用いているが内容を支持するものではない	図や表を用いていない
他者との共同に関する評価基準：話し方やアイコンタクト	聴衆を意識して話し、アイコンタクトをとっている	聴衆に話しかけアイコンタクトをとっているが時々メモを見る	聴衆を意識していない話し方をし、たまにしかアイコンタクトをとらない	聴衆に伝えようとしないしアイコンタクトもとらない

図2.4　プレゼンテーションに関するルーブリックの例

これを参考にして、以下のフォーマット（図2.5）に観点項目を記入してみましょう。

＜○○○○○○○○○○＞に関するルーブリック 学籍番号 氏　名				
到達度／観点項目	4	3	2	1
思考の評価基準：「○○○○○○○○」				
単元のねらいに即した評価基準：「○○○○○○○○」				
学習者評価基準：「○○○○○○○○」				
他者との共同に関する評価基準：「○○○○○○○○」				

図2.5　ルーブリック作成フォーマット

＊質問と回答

Q ：探究学習のイメージがつかめないのですが、どういうものなのでしょ
うか？

A ：公益在団法人 図書館振興財団「調べる学習コンクール」のWebサイ
トを見てみましょう[13]。わかることは楽しいのだということが、受賞
者の体験動画から伝わってくるでしょう。

2.5　学校図書館におけるICTの活用と指導

本節では、学校図書館情報メディアの中でも電子メディアにかかわるICT
（Information and Communication Technology：情報通信技術）活用

について学びます。IT（Information Technology：情報技術）活用から ICT 活用に至る経緯とその指導、具体的には電子黒板や、デジタル教科書、デジタルアーカイブの項目ごとに学校図書館がどのようにかかわりを持つか、そのうえでどのように教育活動に生かすかを考えましょう。

2.5.1　ICT 活用の指導

　授業コンテンツの作成でも実際の授業でも、教員の IT 活用の指導力が重要になります。文部科学省では、2019 年に「教育の情報化に関する手引」[14]、2021 年に「教育の情報化に関する手引（追補版）の概要」[15] を公表し、教科等の指導における ICT 活用の意義とその必要性について述べています。

　そこでは、2017 年、2018 年、2019 年に改訂した「小学校、中学校、高等学校及び特別支援学校の学習指導要領」の総則に示されている「情報活用能力の育成を図るため、各学校において、コンピュータや情報通信ネットワークなどの情報手段を活用するために必要な環境を整え、これらを適切に活用した学習活動の充実を図ること」をふまえ、初等中等教育の段階から IT に触れ、情報活用能力を向上させる環境の整備を進め、個に応じた指導の充実を図るにあたり ICT を活用することが重要だとしています。

　つまり、情報を効率的に処理できる技術を指導することからさらに進んで、IT の技術を有効活用することで情報を伝達する、ということに焦点を当てた ICT 活用の指導に移ってきています。

　これまで学校では、各種 IT 機器の整備が推進されているものの、教員用コンピュータ整備の不足、校務 IT 化の遅れ、学校の IT 機器の保守・点検等を行う人材の不足などの問題を抱え、IT 化による改革が十分に進んでいるとは言えませんでした。今後は、GIGA スクール構想によって IT 環境整備が進み、児童生徒が ICT を活用して効果的に学習できるようになります。

　学習をより効果的にするためには、教員の ICT 活用能力を一層向上させる必要があります。2018 年には「教員の ICT 活用指導力のチェックリスト（中学校・高等学校版）」[16] が公表されています（図2.6）。今後は情報機器の活用司書教諭としても教科担当者としても心得ておきたいものです。

教員のＩＣＴ活用指導力チェックリスト

平成30年6月改訂

　ＩＣＴ環境が整備されていることを前提として、以下のA−1からD−4の16項目について、右欄の4段階でチェックしてください。

	4 できる	3 ややできる	2 あまりできない	1 ほとんどできない

A　教材研究・指導の準備・評価・校務などにICTを活用する能力

A−1 教育効果を上げるために，コンピュータやインターネットなどの利用場面を計画して活用する。 …… 4 3 2 1

A−2 授業で使う教材や校務分掌に必要な資料などを集めたり，保護者・地域との連携に必要な情報を発信したりするためにインターネットなどを活用する。 …… 4 3 2 1

A−3 授業に必要なプリントや提示資料，学級経営や校務分掌に必要な文書や資料などを作成するために，ワープロソフト，表計算ソフトやプレゼンテーションソフトなどを活用する。 …… 4 3 2 1

A−4 学習状況を把握するために児童生徒の作品・レポート・ワークシートなどをコンピュータなどを活用して記録・整理し，評価に活用する。 …… 4 3 2 1

B　授業にICTを活用して指導する能力

B−1 児童生徒の興味・関心を高めたり，課題を明確につかませたり，学習内容を的確にまとめさせたりするために，コンピュータや提示装置などを活用して資料などを効果的に提示する。 …… 4 3 2 1

B−2 児童生徒に互いの意見・考え方・作品などを共有させたり，比較検討させたりするために，コンピュータや提示装置などを活用して児童生徒の意見などを効果的に提示する。 …… 4 3 2 1

B−3 知識の定着や技能の習熟をねらいとして，学習用ソフトウェアなどを活用して，繰り返し学習する課題や児童生徒一人一人の理解・習熟の程度に応じた課題などに取り組ませる。 …… 4 3 2 1

B−4 グループで話し合って考えをまとめたり，協働してレポート・資料・作品などを制作したりするなどの学習の際に，コンピュータやソフトウェアなどを効果的に活用させる。 …… 4 3 2 1

C　児童生徒のICT活用を指導する能力

C−1 学習活動に必要な，コンピュータなどの基本的な操作技能（文字入力やファイル操作など）を児童生徒が身に付けることができるように指導する。 …… 4 3 2 1

C−2 児童生徒がコンピュータやインターネットなどを活用して，情報を収集したり，目的に応じた情報や信頼できる情報を選択したりできるように指導する。 …… 4 3 2 1

C−3 児童生徒がワープロソフト・表計算ソフト・プレゼンテーションソフトなどを活用して，調べたことや自分の考えを整理したり，文章・表・グラフ・図などに分かりやすくまとめたりすることができるように指導する。 …… 4 3 2 1

C−4 児童生徒が互いの考えを交換し共有して話合いなどができるように，コンピュータやソフトウェアなどを活用することを指導する。 …… 4 3 2 1

D　情報活用の基盤となる知識や態度について指導する能力

D−1 児童生徒が情報社会への参加にあたって自らの行動に責任を持ち，相手のことを考え，自他の権利を尊重して，ルールやマナーを守って情報を集めたり発信したりできるように指導する。 …… 4 3 2 1

D−2 児童生徒がインターネットなどを利用する際に，反社会的な行為や違法な行為，ネット犯罪などの危険を適切に回避したり，健康面に留意して適切に利用したりできるように指導する。 …… 4 3 2 1

D−3 児童生徒が情報セキュリティの基本的な知識を身に付け，パスワードを適切に設定・管理するなど，コンピュータやインターネットを安全に利用できるように指導する。 …… 4 3 2 1

D−4 児童生徒がコンピュータやインターネットの便利さに気付き，学習に活用したり，その仕組みを理解したりしようとする意欲が育まれるように指導する。 …… 4 3 2 1

図2.6　教員のICT活用指導力のチェックリスト [16]

2.5.2　電子黒板

　文部科学省は電子黒板を含む大型提示装置・実物投影機を各普通教室 1 台、特別教室用として 6 台の導入を、2022 年度を目途に整備を進めています[17]。このことは、GIGA スクール構想により実現しつつある児童生徒 1 人 1 台端末と連携した授業に対応しています。

　電子黒板は、従来はプロジェクタとして PC の画面を映すものでした。しかし、今日ではコミュニケーション機能や録画機能が追加されたものも登場し、教室内での活気のあるアクティビティを実現しています[18]。従来の授業を踏襲しつつ、児童生徒の作品や挿絵などを大型モニターに表示したり、書き込んだ図形などを画像編集保存したり、動画を撮影して表示することもできます。クラウドドライブにデータを保存すれば教材の共有化やリピートができるので、授業準備の時間削減にもなります。

　また、Google ドライブや Dropbox 等のクラウドサービス上のファイルをそのままアップロードする機能を持つものも登場しています。学校図書館は従来、教材センターとして各教科や学年の授業資料や教材なども収集してきました。このようなサービスを利用すれば、授業で電子黒板上に書いたり説明したりしたものを、クラウドサービスを用いて教材用資料として保存し、ほかの教員と共有することも可能になります。

　新学習指導要領に掲げられた問題発見力と問題解決力の両方への目配りをしながら授業を展開していくこと、および保存・共有することによってより質の高い指導をすることが教科教諭にも司書教諭にも求められているのです。

2.5.3　デジタル教科書

　デジタル教科書は、紙の教科書の内容をデジタル化し、タブレットや PC などの端末で使えるようにしたもので、素早く大量の情報収集・共有を可能にします。デジタル教科書の利活用によって授業がわかりやすくなる、視覚による理解と記憶の定着が図れると言われています。デジタル教科書には学習者用デジタル教科書と学習者用デジタル教材および指導者用デジタル教科書（教材）の 3 種類があります。学校教育法等の一部を改正する

法律等により制度化されたデジタル教科書は「学習者用デジタル教科書」だけです[19]。

　文部科学省は学習者用デジタル教科書の定義を、「今般の学校教育法等の一部改正等により制度化された学習者用デジタル教科書は、紙の教科書と同一の内容がデジタル化された教材であり、教科書発行者が作成するものである」と述べています[20]。

　デジタル教科書には、テキストの読み上げ、本文や図の拡大、配色やフォントの変更、QRコード等を利用してリンク先を設定できるなどのメリットがあります。デジタル教科書を活用することによって、児童生徒の興味や関心が引き出され、意見交換がスムーズに行えるなどの学習効果が報告されています[21]。

　ただし、司書教諭は、デジタル教科書以前の紙媒体の各教科の教科書を学校図書館の蔵書としてコレクションしておくことも重要です。

2.5.4　デジタルアーカイブ

　『図書館情報学用語辞典 第5版』によれば、デジタルアーカイブは、「有形・無形の文化財をデジタル情報として記録し、劣化なく永久保存するとともに、ネットワークなどを用いて提供すること」と定義[22]されています。日本では、1996年にデジタルアーカイブ推進協議会が設立され、博物館、図書館、公文書館、大学などがデジタル技術を使って文化資産のデジタル化とネットワークの充実を推進し、より多くの人々に非接触で見る機会を提供するようになりました。ちなみに、「デジタルアーカイブ」は和製英語です。

　現在では、Web情報を代表とする世界中のさまざまなデジタル情報を扱うインターネットアーカイブも運営されています。2001年にBrewster Kahleらによって設立されたインターネットアーカイブ ウェイバックマシン (Wayback Machine)[23]が有名です（図2.7）。これは、日本語でも読めますので知っておくとよいでしょう。

図2.7　ウェイバックマシン(Wayback Machine)[23]

　日本の国立国会図書館では、2002年からインターネット資料収集保存事業(WARP)[24]が開始されました（図2.8）。2010年からは国立国会図書館法に基づいて、公的機関（国の機関、地方自治体、独立行政法人、国公立大学等）のWebサイトおよび民間のWebサイト（公益法人、私立大学、政党、国際的・文化的イベント、東日本大震災に関するWebサイト、電子雑誌等）の発信者の許諾を得られたものが、収集・保存されています。

図2.8　WARP[24]

＊質問と回答

Q ：学校図書館がデジタル教科書にかかわることがあるのでしょうか。

A ：2021年時点では学校図書館がデジタル教科書にどのようにかかわるか
（学校図書館での収集・学校図書館での閲覧など）についての統一した
見解はまだありません。ただ、デジタル教科書の配信や閲覧にはクラ
ウドを利用するのですが、クラウド利用の際に必要なIDを学校図書館
が入手することは困難です。

デジタル教科書に掲載されている事項の関連情報を印刷メディアから
探してその結果を提示したり、司書教諭がレファレンスとしてデジタ
ルアーカイブから関連情報を探し、それを提供したりすることはでき
ます。

第3章
学校図書館と情報技術革新

　本章では、学校内ネットワークから始めて、電子書籍導入とその導入事例について解説します。教科では紙媒体の教科書に代わってデジタル教科書が導入され、教材として電子書籍システムの導入も検討されていくでしょう。そこで、学校教育のそのような変化に対応した、新しい学校図書館の在り方を考えましょう。

3.1　学校内ネットワークの構築

　文部科学省のGIGAスクール構想では「校内LANの整備」「学習者用PC」「学習と校務のクラウド化」「ICTの活用」の4点がポイントになっています。本節では「校内LANの整備」として校内LANとインターネットの活用や学校図書館Webサイトについて、「ICTの活用」として学校図書館における電子書籍の導入について考えます。また、「学習者用PC」と「学習内容と校務のクラウド化」に関連する事柄についても述べます。

3.1.1　ICT環境の整備状況

　欧米先進諸国は、学校におけるインターネットの導入という政策を早くから打ち出していました。1996年に米国、1997年に英国・ドイツ、1998年にはフランスが、教育政策上の重要課題として学校をインターネットに接続する方針を示しました。

　日本では、1998年に「子どもたちがもっと自由にインターネットを活用できる環境づくりを目指して：提言」[1]が公表されています。そして、2001年の「高度情報通信ネットワーク社会形成基本法（IT基本法）」[2]施行後に次々と教育の情報化が進み、2011年には「教育の情報化ビジョン」[3]が公表されました。それによって各教科授業や学校図書館でICTの活用とその指導が模索されるようになりました。

　しかし、学校における教育の情報化は必ずしも進展しているとは言えない状況にありました。2020年に公表された「令和元年度学校における教育の情報化の実態等に関する調査結果（概要）」[4]では、教育用コンピュータ1台あたりの児童生徒数は4.9人、普通教室の無線LAN整備率は48.9％と報告されています（表3.1）。

表3.1 学校種別学校における主なICT環境の整備状況[4]

R2年3月1日現在

	全学校種	小学校	中学校	義務教育学校	高等学校	中等教育学校	特別支援学校
学校数	33,219	19,179	9,285	91	3,548	32	1,084
児童生徒数	11,587,653	6,253,093	2,949,900	38,412	2,184,477	22,390	139,381
普通教室数	478,838	269,897	111,150	1,756	66,489	718	28,828
教育用コンピュータ台数	2,361,187	1,137,840	618,767	10,104	526,616	5,781	62,079
教育用コンピュータ1台当たり児童生徒数	4.9人/台	5.5人/台	4.8人/台	3.8人/台	4.1人/台	3.9人/台	2.2人/台
普通教室の無線LAN整備率	48.9%	51.6%	49.0%	73.5%	38.2%	57.9%	45.9%
（参考）普通教室の校内LAN整備率	91.4%	91.2%	89.7%	95.3%	94.4%	90.8%	93.1%
インターネット接続率（30Mbps以上）	96.6%	96.2%	96.3%	94.5%	98.8%	100.0%	98.7%
（参考）インターネット接続率（100Mbps以上）	79.2%	77.6%	77.4%	78.0%	88.7%	96.9%	89.8%
普通教室の大型提示装置整備率	60.0%	69.8%	57.0%	74.0%	39.6%	51.4%	26.4%
教員の校務用コンピュータ整備率	122.8%	119.8%	121.0%	116.0%	135.8%	129.5%	115.5%
統合型校務支援システム整備率	64.8%	63.5%	63.2%	70.3%	78.8%	75.0%	54.8%
指導者用デジタル教科書整備率	56.7%	60.1%	65.6%	78.0%	28.0%	37.5%	14.1%
学習者用デジタル教科書整備率	7.9%	7.7%	9.2%	8.8%	5.2%	3.1%	8.6%

3.1.2 GIGAスクール構想

　これまでにも述べた通り、文部科学省は、2019年に「GIGAスクール構想」を打ち出しました。GIGAスクール構想のGIGAとは"Global and Innovation Gateway for All"の略で、児童生徒向けの1人1台端末と、高速大容量の通信ネットワークを一体的に整備し、多様な子どもたちを誰一人取り残すことなく、公正に個別最適化された創造性を育む教育を、全国の学校現場で持続的に実現させるという構想です。

　GIGAスクール構想の実現ロードマップでは、2024年度に小学校の教科書改訂を機に学習者用デジタル教科書を本格導入することになっていま

す（図3.1）。

	小学校低学年	小学校高学年	中学校	高校
端末台数 （現状） 年度	69万台	35万台	57万台	49万台
2019	学習者用デジタル教科書の制度化			
2020	新学習指導要領 （ICT活用の 学習活動充実） デジタル教科書 導入拡大	新学習指導要領 （プログラミング教育 必修化など） デジタル教科書 導入拡大		
2021			新学習指導要領 （技術・家庭科などで プログラミング内容充実など） デジタル教科書 導入拡大	
2022				新学習指導要領 （全生徒「情報Ⅰ」 必修化など） デジタル教科書 導入拡大
	地方財政措置を活用し、自治体で3クラスに1クラス分の端末整備を達成			
2023 2024				

図3.1　GIGAスクール構想の実現ロードマップ（文献 [5] を参照し作成）

　この背景にあるのは、Society 5.0という構想です。Society 5.0とは、サイバー空間（仮想空間）とフィジカル空間（現実空間）を高度に融合させたシステムにより、経済発展と社会的課題の解決を両立する、人間中心の社会(Society)のことをいいます。GIGAスクール構想の目的は、子どもたち一人一人の個性に合わせてこれから来るSociety5.0の社会に対応する力を育て、世界に新たな価値を生み出す人材の輩出を図ろうとするところにあります。

　文部科学省は2021年5月に「GIGAスクール構想の実現に向けたICT環境整備(端末)の進捗状況について」[6]で、1,748自治体等（96.5%）でICT環境整備が完了したと発表し、GIGAスクール構想の実現が近づいている

ことを示唆しています。

3.1.3 校内LANとインターネットの活用の効果

校内LANとは、学校内のコンピュータをネットワークで接続したシステムです。授業でPC画面を提示する、電子メールなどで資料をやり取りする、外部のインターネットにアクセスするといったことが可能です。これからの学校の情報化に必要な学習環境ですので、学校内のどこでも校内LANにアクセスできる環境を整えることが望ましいとされています。当然、学校図書館も視野に入れることが必要です。

また、「学校におけるICT環境整備について」[7]においては「超高速インターネット及び無線LAN 100％整備」が謳われ、「必要な経費については、2018〜2022年度まで単年度1805億円の地方財政措置を講じる」とされています。前述したようにICT環境整備は着実に進んでいます。校内LANは校内の各教室や設備をインターネットでつなぐことができるため、デジタル教科書・教材導入による授業や電子黒板の活用などあらゆる教育活動に貢献し、児童生徒の学習効果が向上します。

校内LANが整備され、インターネットが利用できるようになることは、児童・生徒一人一人が学習を深め、コミュニケーションを高めることにつながります。具体的には、学習の中で得られた成果をまとめてWebサイトで情報発信することにより、新しい課題や交流が生まれることが期待できます。また、国内外の他校、地域の人々などと情報交換を行うことで、共同学習や異文化交流、体験的学習が可能になります。

また、2020年2月からの新型コロナウイルスの流行により学校閉鎖が続きました。それを期に「テレビ会議システム (e-交流)」による遠隔交流学習も広まり始めており、代表的なアプリケーションにZoom[8]があります。その他、教育・学習のクラウドサービスであるClassi[9]というオンラインサービスも導入が進んでいます。

3.1.4 学校図書館のWebサイト

文部科学省は2017年の「学校図書館ガイドライン」において、「学校図

書館は、学校図書館便りや学校のホームページ等を通じて、児童生徒、教職員や家庭、地域など学校内外に対して、学校図書館の広報活動に取り組むよう努めることが望ましい。」としています[10]。

　ここでは学校図書館ホームページの例を紹介します。実際に閲覧し、内容を確認してみてください。

(1) 藤井寺市立道明寺小学校

図3.2　藤井寺市立道明寺小学校「学校図書館」[11]（2021年6月5日閲覧）

　大阪府の藤井寺市立道明寺小学校Webサイト[11]のトップページでは、メ

ニューの2段目左に学校図書館へのリンクがあります。学校図書館のページでは、4年生の学習内容が紹介されています。学習内容と成果が見え、授業のための環境づくりと読書刺激がなされていることがわかります（図3.2）。

　また、『はらぺこあおむし』で有名なエリック・カールさんの絵本のディスプレーも児童の好奇心をうまく引き寄せており、そこから児童の読書活動につながることが容易に推測されます。押し付けになっておらず、いかにも自然です。

(2) 東京都立五日市高等学校

　東京都立五日市高等学校のWebサイト[12]では、トップページの「学校生活」から学校図書館のページにアクセスすることができます。

　学校図書館のページでは、更新順に学校図書館だよりを読むことができます。いつどのようなことがあったかを知りたいときに役立ちますし、年間の学校図書館活動の内容がわかります。一例として、「R03.06.15　図書室の1学期イベント「プレイバック！令和」開催中です。」では、令和にちなんだ話題が学校図書館に結び付けて企画され、生徒の興味をひくような仕掛けがなされています（図3.3）。

　司書教諭の伊東敬太先生は、学校図書館経営における学校図書館活動を「まず自分が楽しんでやること」と述べておられます。

情報詳細

図書館から

2021/06/15　図書室の１学期イベント「プレイバック！令和」開催中です。

五日市高校図書館では、生徒の図書館利用や本への興味喚起、読書の幅を広げる機会等に生かされるよう、毎学期、図書館ならではのイベントを企画して運営しています。

令和３年度の１学期は「プレイバック！令和」を始めました。
これは、３年目に入った令和を高校３年間と重ね合わせ、令和元年度から現在までの間にあった出来事や生まれた文化、それにまつわる本などを特集し、生徒の図書室利用を促進させるものです。

令和元年５月から現在までの間に貸し出された本のナンバーワンを予想する「令和一の人気本はどれ？」や、夕刊の記事を通じて令和生まれの文化や社会情勢を知る「令和レトロ！」など、私たちの生きる時代に関心が向く工夫を凝らしています。

夏休み途中までの継続実施を予定しています。
五日市高校の生徒のみなさんが、本を通じて世の中の広さや楽しさを実感する一助になればと思います。

生徒向け周知ポスターはこちら

（掲載№276）

五日市高校の令和３大名所にちなんだ本特集です　　令和に最も借りられている本を予想するコーナーです　　令和になってから図書室へ来た本から選んだ100冊です

図3.3　東京都立五日市高等学校「図書館から」（2021年7月10日閲覧）[12]

3.1.5　学校図書館ネットワークとデジタルアーカイブ

　学校図書館間のネットワークとしては、どのようなものが考えられるでしょうか。学校図書館資料（印刷メディア）を物流としてネットワークで結ぶことは、早くから取り組まれています。
　例えば、市川市は1993年から公共図書館と学校とを結ぶネットワーク

システムを構築し始め、全校のネットワーク構築が完了したのは1999年でした[13]。2001年に幼稚園・特別支援学校が参加し、現在のネットワークシステムが完了しました。図3.4は、2020年7月7日現在の学校図書館支援センター事業を図で表したものです。

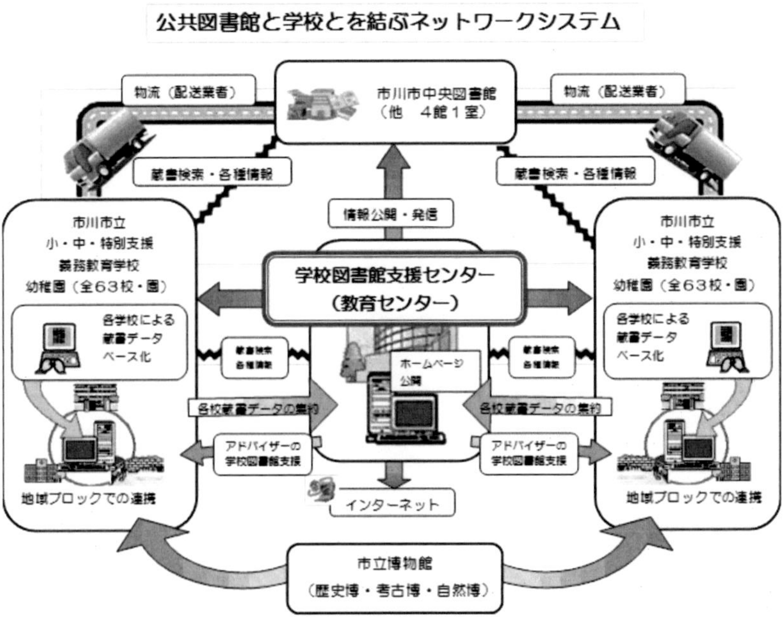

図3.4　公共図書館と学校とを結ぶネットワークシステム[13]

しかし一方で、デジタル資料（電子資料）のネットワークはまだ試行の段階です。2012年に総務省が公表した「デジタルアーカイブの構築・連携のためのガイドライン」[14]の「はじめに」で、デジタルアーカイブについて次のように記されています。

> （略）パソコンやスマートフォンなどの情報機器とブロードバンド通信を使用し、博物館・美術館、図書館、文書館などの「知の記録組織」へ実際に行かなくても、インターネットを経由してさまざまな文書や絵・写真などを閲覧できるウェブサイトがその具

体例です。

　デジタルアーカイブを活用することで、いつでもどこでも、調べごとや学習・研究が行えるようになります。今までは広く公開されていなかった資料をデジタル化して公開することで、貴重な知的資産を誰もが見られるようになります。

　また、各地の郷土資料など、特定の場所でしか知られていなかった資料をデジタルアーカイブで公開することにより、広く利用される可能性が高まります。（略）

　このように広範囲に調べることができるようになると、前述の通り2020年に文部科学省が「教育の情報化の手引き―追補版―（令和2年6月）第2章」で、「世の中の様々な事象を情報とその結び付きとして捉え、情報及び情報技術を適切かつ効果的に活用して、問題を発見・解決したり自分の考えを形成したりしていくために必要な資質・能力」[15]と説明している情報活用能力の育成に資することは明白です。

　2009年には既に、大阪府箕面市教育委員会が学校図書館ネットワークとデジタルアーカイブを結ぶ計画を立てています。

　箕面市教育センター所長（当時）松山尚文によると、「この計画は、総務省のユビキタスタウン推進事業を活用し、地域資料デジタルアーカイブ・公共図書館・学校図書館連携システムを構築しようという理念の元ではじまった」[16]とのことです。学校教育に資するのは、教材コンテンツの整備、イントラホームページの充実、教材リンク集（NHKや理科ネットワークなど）およびデジタル教材の使用です。このような内容を盛り込んで学校図書館ネットワークが構築されたことは画期的です。

　これは2019年時点の構想図ですが、大事なのは教育センターが中心となって情報を記録し、公開していることです。中村崇高は、博物館、公文書館、図書館といった文化施設が現在抱えている指定管理や担当者の不在などの課題を乗り越え、利用者がこれらの「文化情報」にアクセスし活用するところに、アーカイブズ情報共有化の意義があると指摘しています[17]。

＊質問と回答

Q：データベースまで予算が回らない場合には、どうしたらよいでしょう。

A：学校の予算は、他分掌との調整や兼ね合いになりますので、学校図書館長でもある校長先生に相談して、長期計画で考えてください。長期計画は3年以上を目安にします。どのようなシステムが適するかなど検討して、司書教諭から学校全体にデータベース導入の予算化を提案することから始めましょう。

3.2　学校図書館における電子書籍

　学校図書館の電子化は、蔵書のデータベース化にとどまりません。GIGAスクール構想でも新学習指導要領での活用として、デジタル教科書、デジタル教材等に言及しています。本節ではデジタル教材としての電子書籍について、学校図書館とのかかわりを考えてみましょう。

3.2.1　米国における電子書籍の導入

　米国では、公共図書館にPCやネット端末が多く配備されているように、メディアセンターとしてPC室と一体化している学校図書館が多いことはよく知られています。教育統計として最も総合的かつ最新と言える資料Digest of Education Statistics[18]によると、全米の小中高校の91％、82,300校に図書館・メディアセンターがあります。

　しかし、米国の公共図書館における電子書籍サービスの導入率は90％以上なのに対して、学校図書館の電子書籍導入率はさほど高くありません。表3.2はNational Center for Education Statistics (NCES)の2017～2018年のデータ[19]をもとに、電子書籍を導入している学校図書館の割合についての調査結果を示したものです。

表3.2　電子書籍を導入している学校図書館の割合

年	2010	2011	2012	2013	2014	2015
割合	33%	44%	40%	56%	66%	56%

2014年まではおおむね増加していましたが、2015年に10％後退していることがわかります。導入していない理由は多い順に「電子書籍リーダーがない (58%)」「資金不足 (53%)」「興味がない (34%)」でした。

なおデジタル教科書の普及は、NCESの2017〜18年のデータ[20]によると、2013年のデジタル教科書一部導入は12％、導入完了は0％、2014年の一部導入は15％、導入完了は1％、2015年になって一部導入は25％に上がりましたが導入完了は1％のままです。

3.2.2　米国における電子書籍の利用状況

米国の学校図書館の電子書籍利用状況に関する具体的な論文は少ないですが、カリフォルニア州サンフランシスコ市立フーバー中学校のAllison Rothmanさんが Teacher Librarian（日本でいう司書教諭と若干の差がありますのでこの名称を使います）としてなさった公立学校図書館の電子書籍活用実践を書いたもの "E-Books in Public School Libraries: Are We There Yet?" があります。

著者は、まず「学術図書館、公共図書館での電子書籍の貸し出し、利用に関しては多くの研究がなされてきているが、現在までのところ、高校図書館でのそれらの状況を検討する科学的研究は出ていない」「現在までのところ、初等中等教育 (K-12) 学校での電子書籍の貸し出し、利用に関する調査研究数は著しく不足している。」[21]と指摘しています。

また、本文には、以下のような記述があります。

> 学校図書館は、公共図書館と提携するか、さまざまなプロバイダーから電子書籍を購入するか、電子書籍の使用がより簡単になるまで待つか、意図的に選択することができます。
> 読書クラブの学生は、サンフランシスコ公共図書館(SFPL)のOver Drive ポータルから電子コンテンツを入手することを圧倒的に好みました。学生たちは、ワイヤレスダウンロードシステムは、

　　　電子書籍をUSBケーブルからKindleに転送するよりも管理しやす
　　　いと感じました。

　Rothmanさんは週に1回、昼休みに図書館で電子書籍を読む「読書クラ
ブ」の自主活動を組織しました。この経験をもとに、論文では1人1台端
末のない段階でのリーダー機器の選び方、書籍の選び方、公共図書館との
連携の仕方、クラブの運営の仕方などを説明するとともに、生徒たちの反
応を細かく観察し、中学校における効果的な電子書籍活用の在り方を探っ
ています。
　この背景には、米国の90％以上の公共図書館が電子書籍を導入してお
り、学校図書館に限らず生徒が電子書籍を利用しやすい環境だということ
があります。日本でもコロナ禍で電子書籍を導入する図書館が増えている
状況を考えると、本事例はとても示唆的です。

3.2.3　日本における電子書籍の導入とデジタル教科書

　日本の公共図書館における電子図書館の導入率は11％[22]です。しかし、
2021年現在のコロナ禍と文部科学省が進めるGIGAスクール構想によっ
て、今後は導入館が増えてくるでしょう。
　学校図書館に電子書籍システムを導入するメリットは、児童生徒にとっ
ては、いつでもどこにいても資料が借りられることや、検索が容易なこと
です。学校図書館にとっては、貸出・返却が容易で確実であること、書籍
の破損・損失がないことです。
　2021年現在、学校図書の電子書籍システムを提供しているのは、主に
次の3社です。

①School e-Library（スクールイーライブラリー）[23]
小中高向けの定額制の電子図書館サービスで、対象出版社は、岩波書店・
偕成社・学研プラス・河出書房新社・講談社・集英社・フレーベル館・ポ
プラ社の8社です。2021年7月現在で原作者了承済みの書籍1000冊を自
由に読むことができます。ダウンロードは不可です。

②LibrariE（ライブラリエ）[24]

KADOKAWA、紀伊國屋書店、講談社、図書館流通センター、大日本印刷を株主とする日本電子図書館サービス(JDLS)[25]が提供するクラウド型電子図書館です。2021年7月現在で100社以上の出版社から55000冊以上の書籍が提供されています。

③OverDrive Japan（オーバードライブジャパン）[26]

米国を中心に世界の図書館で導入されているOverDrive社のシステムによる電子図書館サービスです。

④LibrariE & TRC-DL[27]

図書館流通センター(TRC)が提供するクラウド型電子図書館で、LibrariEコンテンツに加えてTRC-DLコンテンツを提供しています。2021年7月現在で300社以上の出版社から90,000タイトル以上の書籍が提供されています。

　一方、デジタル教科書に目を向けると、学習者用デジタル教科書整備率は、2019年3月現在で7.9％に過ぎませんでした[28]。デジタル教科書の普及を妨げる主な要因は2つ挙げられています。一つは児童生徒1人に1台のコンピュータが必要なこと、もう一つはデジタル教科書が無償ではないことです。しかし3.1.2項で延べたように、GIGAスクール構想の実現ロードマップでは2024年度に小学校の教科書改訂を機に学習者用デジタル教科書を本格導入することになっています。

　このような中、文部科学省は2021年6月8日に「デジタル教科書の今後の在り方等に関する検討会議（第一次報告）」[29]を公表しています。それによると、デジタル教科書の発行・普及状況は、以下のように示されています。

○デジタル教科書の発行状況について、令和2年度においては、小学校用教科書が約94％、中学校用教科書が約25％であったが、令和3年度においては、ともに約95％に達している。

○デジタル教科書の普及状況について、文部科学省「令和元年度学校における教育の情報化の実態等に関する調査結果」によれば、令和2年3月1日現在、公立学校全体では7.9％、公立の小学校では7.7％、公立の中学校では9.2％、公立の高等学校では5.2％となっている。

　また、同報告書では、将来に向けた検討課題として「デジタル教科書と連携して使用されるデジタル教材の整備及び活用の状況」が挙げられています。

　この課題を受け、どうすればデジタル教科書以外の教材を児童生徒に提供できるのか、またその活用はどうあるべきかなどについて、学校図書館は電子メディアに対する考え方や指導の在り方を模索することが求められています。

3.2.4　日本における電子書籍導入事例

　日本電子出版協会の電子図書館委員会は2021年2月24日、以下に示す「緊急提言 今こそ国は学校電子図書館の準備を」[30]という提言を国に出しています。

提言
1.国は1人1台の端末環境整備に合わせて直接、全国一律、全ての小中学校に5万点の読み放題の電子図書館サービスを提供する。
2.サービス利用料は、全額、国の負担とする。

　提案の背景には、学校図書館の蔵書数の問題があります。文部科学省が示している図書標準では、18学級以上ある小学校の図書館の蔵書数は10360冊となっていますが、1学級しかない小さな小学校の図書館では2400冊でいいとされます。しかし、その達成率も小学校で66％、中学校で55.9％にとどまっています。離島、中山間地域等の地理的条件にかかわらず、教育の質と機会均等を確保することが重要です。

　電子図書館は建物が不要で、全国に1つのクラウド電子図書館があれば何

万冊でも提供でき、地域格差は解消されます。GIGAスクール構想によって児童生徒1人1台の端末を持つようになるのですから、電子図書館を用意すれば、書籍、辞書、百科事典、地図、郷土資料、さらには海外の出版物など、コンテンツを直接参照することが可能なのです。

これまで、電子書籍システムの導入は各学校の予算事情などを考慮してなかなか進展しませんでした。しかし今後はシステム導入そのものよりも、電子書籍を使ってどのような活動ができるか、司書教諭として従来の図書館活動を参考に知恵を絞る必要があるでしょう。

京都先端科学大学附属中学校高等学校[31]の実践事例はとても参考になります。学校図書館電子書籍システム導入の経緯について、司書教諭の伊吹侑希子先生にメールを介して2021年6月に以下のお話を伺いました。

> 蔵書検索システムの入れ替えに伴い、「情報館（OPACサービスと、業務を効率化する管理機能を持つ学校図書館システム）」を導入することにしたので、あわせて系列の紀伊國屋書店さんの電子図書館LibrariEを取り入れました。特に、他校の見学などはしていません。生徒の反応を見るために、1か月だけトライアルを実施しました。

> ただ現状では、電子書籍に対して、思ったほど関心は高まっていません。アプリで漫画を読むことには慣れていても、小説などを電子書籍で読むことに抵抗があるようです。アンケートを見ていても、「紙の方がいい」と答える生徒が多いことも事実です。目の負担を感じる生徒が多数おります。また、電子書籍は紙の書籍よりも1冊の値段が高いので、予算の都合で、1年目ではバランスよく揃えられませんでした。

> 電子図書館の運営は、学校図書館とのハイブリッド型と考えています。電子書籍の役割はあくまで補完的なものと捉えておりますので、活用が見込める洋書のラインナップを中心に揃えたところ、外国語科より活用したいと申し出がありました。

> GIGAスクール構想にもあるように、1人1台タブレットもしくはPCを持たせ、授業で活用する動きが加速しています。図書館の

> 本を電子書籍という形で活用していくというのはその一つの方法
> だと考えています。授業活用ができる洋書などに焦点を当て、外
> 国語科教員と相談しながらタイトルを揃えていけたらと思います。
> 　タイトル数が紙の書籍に比べてまだまだ少ないため、現段階で
> は、電子書籍での全面的な図書館運営は不可能ですが、読み上げ
> 機能がある電子書籍は読書バリアフリー法に対応でき、読みづら
> さを感じている生徒が負担なく読書を楽しむことができます。電
> 子書籍でも本を読める環境を作っておくことは、生徒のニーズに
> あわせて読書の機会を提供できるひとつの方法だと考えています。

　ここで、茨城キリスト教学園中学校高等学校が2019年から導入した電
子書籍への案内ページ[32]を参照してみましょう（図3.5）。2020年6月24
日付で以下の案内が示されています。

> 茨城キリスト教学園中学校高等学校図書館の蔵書検索が学外から
> できるように、Web-OPACを新たに導入しました。学校図書館向け
> の安価なシステムのため簡易版となりますが、全国でもWeb-OPAC
> が利用できる学校は殆どありません。新しいPC及びWeb-OPAC
> 設置は、情報システム部が担当しました。電子図書館と合わせて、
> ぜひご活用ください。

図3.5　茨城キリスト教学園中学校高等学校 電子図書館[32]

　また、工学院中学・高等学校の図書館紹介ページ[33]には、以下の記述があります。

> 本校生徒だけが使える電子図書館も2018年5月からスタート、PC
> はもちろん、個人のタブレットやスマートフォンでも読書を楽し
> むことができます。電子図書館では、特に洋書が充実していて、
> 読み上げ機能がある本は、英語学習にも効果的だと好評です。

　読書だけではなく、読み上げ機能を利用した英語学習など、電子書籍ならではの機能を使ってさまざまに利用されていることに注目しましょう。

3.3　情報メディアの活用と情報モラル

　情報化がもたらすものには便利な面と危険な面があることを認識し、情報メディアを活用するにあたって望ましくない側面にどのように対応する

か考えましょう。電子メールやSNS等のコミュニケーションツールを利用する際には、相手のことを考え、ネットワークエチケットを心がける必要があります。

3.3.1 情報モラルとは

インターネットなどのネットワークシステムや情報機器の発展に伴い、情報のやり取りが簡単にできるようになったことで、利便性という光とともに、ネット犯罪や有害情報の増加、ネットイジメなどという危険な影ももたらされました。

今日ではコンピュータの機能を最大限に活用したICT教育が行われるようになっています。そのため教育において情報メディアを活用するうえで、情報の効果と危険を理解し、情報社会で決められたルールを守り、適切な行動がとれるように情報モラルに関する知識や技能を習得する必要があるのです。

文部科学省は、「学習指導要領解説 総則編及び道徳編」の中で、情報モラルを「情報社会で適正に活動するための基となる考え方や態度」であるとしています。これは情報機器や通信ネットワークを通じて社会や他者と情報をやり取りするにあたり、危険を回避し責任ある行動ができるようになるために、身に付けるべき基本的な態度や考え方を指します。

まずは、自分自身が情報モラルや良識をふまえて情報機器や通信ネットワークを活用できているか、以下のチェックリストを確認してみましょう。『情報モラル＆情報セキュリティー』[34] の「チェックしてみよう」をもとに、司書教諭となる皆さんに向けて作成しました。

①レポートや論文などをインターネットからのコピー＆ペーストで安易に済ませないようにしているか。

②レポートや論文作成において、引用は最低限にして、出典を明記しているか。

③購入したCDやDVDのコピーを作成してほかの人に渡したりしていないか。

④ほかの人にメールを送るときには、適切な敬語表現を使っているか。

⑤インターネットで情報を入手し、ほかの人に伝える前に「その情報が正しいのか」を確認するようにしているか。

⑥ブログなどのソーシャルメディアに記事を書く前に「その内容は他人を不愉快にさせる内容ではないか」を考えるようにしているか。

⑦児童生徒の写真を本人の許諾なしに公開しないように気を付けているか。

　学校図書館には個人情報が集まってきますので、司書教諭にはセキュリティ技術や危機管理などの知識と技術が必要です。また、児童生徒が情報を読み解くことができるようメディアリテラシーを指導することも重要です。

3.3.2　学習指導上の情報モラル

　これまでの学校図書館での学習指導は、「教育課程の展開に寄与する」という学校図書館法の観点から、児童生徒の自発的な学習を支援することが主でした。しかし、情報メディアを活用した学習指導では、印刷メディアや視聴覚メディア、Webメディアそれぞれの特徴を理解して利用することが必要です。

　ここでは、インターネットを介したWebメディアの活用を想定した情報モラルについて述べます。まず、インターネットには非匿名性・拡散性があるという特性を理解しておくよう指導しましょう。これらの特性を理解するということは、言い換えるとコミュニケーション齟齬が発生することを承知して、情報発信に関する責任と覚悟を持つようにする、ということです。どんな便利な道具も使い手次第で人を傷つける凶器にもなることがあるいうことを意識して、最低限以下のようなルールを守るよう指導します。

・個人情報は安易に記載しない
・ほかの人が不快に思うようなことはしない
・著作権や肖像権に注意する

　以上は自律した個人として他者に配慮すべき最低限のことであり、自分自身を守ることにもつながると言い添えておきましょう。

3.3.3　学校図書館ボランティアの情報モラル

　近年、学校活動を地域全体で支える環境の整備が進められています。学校図書館活動においても、ボランティアに読み聞かせや学校図書館の環境整備などをお願いすることが増えてきています。あらかじめ学校図書館が留意すべき情報モラルとして、次の点を司書教諭からお願いして、了解していただく必要があります。

　1つ目は、学校や児童生徒の個人情報は絶対に外に漏らさないということです。学校図書館には、児童生徒の氏名やクラスのほか、児童生徒の読書履歴、教師の読書履歴や利用状況などの情報が集められています。そのため、たとえ見る機会があったとしても情報を漏らさないことをお願いしておきましょう。

　2つ目は、読み聞かせの際には著作権に配慮し、原作を改変したりしないということです。教育現場だからこそ、家庭での読み聞かせのような自由な改変は厳に慎んでもらいたい旨を伝えておきましょう。

　以上のようなことは、年度当初に学校図書館長である学校長から話してもらうとよいでしょう。ボランティアに応募し協力してくださることに敬意を表しつつ、情報モラルに留意していただけるよう、連絡を密にしていきましょう。

3.4　学校図書館での児童・生徒の個人情報の扱い

　本節では、2003年に成立し2020年に改正された個人情報保護法（個人情報の保護に関する法律）[35] をふまえ、学校図書館現場における個人情報の保護（プライバシー保護）を理解しましょう。

3.4.1　個人情報保護法とその背景

　個人情報とは、氏名、生年月日、住所など特定の個人を識別できる情報のことです。また、プライバシーは「個人や家庭内の私事・私生活。個人の秘密。また、それが他人から干渉・侵害を受けない権利。」と定義されています。「自己の情報をコントロールできる権利」という意味も含まれます[36]。

　個人情報保護法関連法は、個人情報に関する基本法制である個人情報の保護に関する法律（いわゆる個人情報保護法）をはじめとして次の5つの法律があります。いずれも2003年に成立しました。

①個人情報の保護に関する法律（個人情報保護法）
②行政機関の保有する個人情報の保護に関する法律
③独立行政法人等の保有する個人情報の保護に関する法律
④情報公開・個人情報保護審査会設置法
⑤行政機関の保有する個人情報の保護に関する法律等の施行に伴う関係法
　律の整備等に関する法律（整備法）

　個人情報保護法の目的と定義は、以下のように定められています。

> 　　　個人情報の保護に関する法律　　　平成十五年法律第五十七号
> 　　第一章　総則
> 　　（目的）
> 　　第一条　この法律は、高度情報通信社会の進展に伴い個人情報の利用が著しく拡大していることに鑑み、個人情報の適正な取扱いに関し、基本理念及び政府による基本方針の作成その他の個人情報の保護に関する施策の基本となる事項を定め、国及び地方公共団体の責務等を明らかにするとともに、個人情報を取り扱う事業者の遵守すべき義務等を定めることにより、個人情報の適正かつ効果的な活用が新たな産業の創出並びに活力ある経済社会及び豊かな国民生活の実現に資するものであることその他の個人情報の有用性に配慮しつつ、個人の権利利益を保護することを目的とする。
> 　　（定義）

第二条　この法律において「個人情報」とは、生存する個人に関する情報であって、次の各号のいずれかに該当するものをいう。
一　当該情報に含まれる氏名、生年月日その他の記述等（文書、図画若しくは電磁的記録（電磁的方式（電子的方式、磁気的方式その他人の知覚によっては認識することができない方式をいう。次項第二号において同じ。）で作られる記録をいう。第十八条第二項において同じ。）に記載され、若しくは記録され、又は音声、動作その他の方法を用いて表された一切の事項（個人識別符号を除く。）をいう。以下同じ。）により特定の個人を識別することができるもの（他の情報と容易に照合することができ、それにより特定の個人を識別することができることとなるものを含む。）

以上に定められたように「氏名、生年月日その他の記述等」が集まってくる学校図書館では、他人から干渉・侵害を受けない権利を守るために特に注意を払う必要があります。

3.4.2　学校図書館と個人情報

個人情報を保護する目的で個人情報の取扱い方針（ポリシー）を定めた文書は「プライバシーポリシー」（個人情報保護方針）と言われます。学校図書館においても児童生徒の「知る自由」や「読む自由」を保障し、教職員の自由な教育活動を支えるためのプライバシーポリシー（個人情報保護方針）の作成を考えましょう。

学校図書館にかかわる全国規模の研究団体である学校図書館問題研究会では、2018年に学校図書館のためのプライバシー・ガイドラインを公表しています。その中で、「4 プライバシー保護のための具体的な対応」は特に重要です。個人情報や利用記録の取扱いに示唆を与えてくれます。以下は、内容の抜粋です。

①利用者登録
・利用者の登録にあたっては、利用者を特定しにくい利用者番号を与え、性別など利用者登録に必要な項目かどうかをよく検討し、収集する情報

は必要最小限にとどめる。

・利用者が在籍しなくなった場合は、速やかにその利用者の個人情報をすべて削除する。

・コンピュータ・システムによらない貸出は、返却後に記録が残らない方式を採用する。

・予約、レファレンスなどの用紙は、対応が終了した時点で利用者情報を破棄する。

・コンピュータ・システムを導入する前の資料が残っている場合は、速やかに処分する。

②コンピュータ・システムによる場合

・導入や更新にあたっては利用者のプライバシー保護の必要性とそのための仕様を伝える。

・貸出記録は資料が返却された時点で、記録を個人情報と切り離すシステムとする。

・利用者ごとの貸出、予約、レファレンスなど記録が残らないようにする。

③利用記録が残るコンピュータ・システムの場合の対応

・記録が個人情報と切り離されないコンピュータ・ガイドラインシステムを採用している場合は、それらの情報に容易にアクセスできないようにする。また、それらの情報は、年度末に統計処理した時点で、あるいは利用者が在籍しなくなった時点で削除する。

④カウンターやフロアでの対応

・カウンター業務は図書館担当者が行うことが望ましい。

・手続き中や利用者との会話中に、個人情報やプライバシーが漏れないように配慮する。

・督促や予約の連絡は、本人以外に連絡の目的や書名がわからないように配慮する。

⑤コンピュータの管理

・コンピュータは盗難防止のワイヤーなどでつなぎ、席を外すときは画面をロックする。
・個人情報を含む記憶媒体や文書などは鍵がかかるところで保管する。
・ブラウン式などを採用している場合は、利用者が見ることができないように管理する。
・個人情報やプライバシー情報を含む文書などを机の上やカウンターに放置しない。
・個人情報を含むデータや文書を学校外に持ち出さない。
・利用者本人から閲覧・訂正・削除の要請があった場合は、誠実に対応する。

　以上のような事柄を、司書教諭が中心となってそれぞれの学校と学校図書館の実情に合わせて実施し、自校の学校図書館プライバシーポリシーとして公表されることが望まれます。

3.4.3　学校図書館の情報セキュリティ対策

　情報セキュリティとは、次の3つを確保することです。

①許可された者だけが情報にアクセスできるようにする機密性
②情報が正確で完全である状態を保持する完全性
③許可された者が必要なときにいつでも情報にアクセスできるようにする可用性

　学校図書館には児童生徒の個人情報が集積されています。そのことに真摯に向き合い、情報が漏れないようにする必要があります。学校図書館のPCにも具体的な対策をしておくことが重要です。司書教諭および学校司書・学校図書館係教諭などの学校図書館担当スタッフは以下の事項に留意しておきましょう[37]。

①図書館の画像を学校のWebページからインターネットに投稿するときには児童生徒の個人情報が判別されないか確認しましょう。

②定期的にOSのアップデートをしてシステムの学校図書館管理システム
の状態を確認しましょう。

③ウィルスに感染した場合の対処情報を理解し、実践しましょう。

④パスワードを付箋に書いてPCに貼るなど、人目につくところに記載し
ないようにしましょう。

⑤図書館管理システム用PCのパスワードを推測されにくいものにして、定
期的に変更するとよいでしょう。

⑥インターネットからの攻撃は、特定の個人や団体をターゲットにして仕
掛けられることがあることを理解しておきましょう。

⑦迷惑メール対策（フィルター設定など）を行っておきましょう。

⑧フィッシング詐欺について知り、その判別方法を知っておきましょう。

⑨信頼できる相手でも、公開してほしくない情報は公開しないなど、適切
な対応をとりましょう。

⑩公衆無線LAN（外出先で利用できるWi-Fi）にはセキュリティ設定が施
されていない、通信内容がまったく暗号化されていないという危険性が
あることを児童生徒にも指導しておきましょう。

⑪Webサービスでは、利用規約やプライバシーポリシーを確認しましょう。

3.5 特別支援教育における情報メディアの活用

本節では、特別支援教育における情報メディアの活用と、学校図書館に
おける合理的配慮について学習します。

3.5.1 特別支援教育における情報メディアの活用

特別支援教育とは、障害のある児童生徒の自立や社会参加に向けた主体
的な取り組みを支援するという視点に立ち、児童生徒一人一人の教育的ニー
ズを把握し、その持てる力を高め、生活や学習上の困難を改善又は克服す
るため、適切な指導および必要な支援を行うものです。

2013年に障害を理由とする差別の解消の推進に関する法律（平成25年

法律第65号）[38]が制定され、2016年から施行されました。2019年の文部
科学省による調査では、小学校・中学校において学習障害(LD)、注意欠陥
多動性障害(ADHD)、高機能自閉症等、特別な教育的支援を必要とする児
童生徒が、通常の学級に6.3％の割合で在籍しています。障害を理由とす
る差別の解消の実現に向けて、学校図書館は特別支援教育における合理的
配慮をしましょう。すなわち、情報メディアの活用に際してその障害の状
態に応じ、十分な教育を受けられるよう、教育上必要な支援を提供するに
はどうしたらよいのか、考えていきましょう。

3.5.2　学校図書館における合理的配慮

「合理的配慮」は、障害者の権利に関する条約[39]「第二条　定義」におい
て、「障害者が他の者と平等にすべての人権及び基本的自由を享有し、又は
行使することを確保するための必要かつ適当な変更及び調整であって、特
定の場合において必要とされるものであり、かつ、均衡を失した又は過度
の負担を課さないものをいう。」と定義されています。

また、「第二十四条　教育」においては、「教育についての障害者の権利
を認め、この権利を差別なしに、かつ、機会の均等を基礎として実現する
ため、障害者を包容する教育制度（inclusive education system）等を確
保すること」とし、その権利の実現にあたり確保するものの一つとして、
合理的配慮を挙げています。

例えば、視覚に障害がある児童生徒などには、保護者や担当教師が申請
すると、日本障害者リハビリテーション協会[40]からマルチメディアDAISY
が無償で提供されます。これは、表記された文書を音声で聞きながら、画面
上で絵や写真を見ることができるシステムです。パソコン・携帯タブレッ
ト・スマートフォン・専用再生機等で利用でき、読み上げているフレーズ
の色が変わる（ハイライト機能）があるので、どこを読んでいるのかが一
目でわかるようになっています。また、自分が読みやすいように、文字の
大きさ、音声のスピード、文字や背景の色を選ぶことができます。

マルチメディアDAISYは年間約5000件の申請が報告されており、障害
を持つ児童生徒は、ほかの生徒とともに同じ環境でマルチメディアDAISY

の助けを借りてともに学ぶことが可能です（イヤホン等を使用することで
騒音にはなりません）。マルチメディアDAISYを必要とする障害種別は、
表3.3の通りです。

表3.3　マルチメディアDAISYを必要とする障害種別 [41]

知的障害	164
視覚障害（弱視含む）	43
聴覚障害（難聴含む）	4
肢体不自由	28
自閉症スペクトラム	277
注意欠如多動性障害	249
学習障害	560
その他	74

　マルチメディアDAISY教科書をダウンロードする際にはネットワーク
環境を必要としますが、再生はネットワーク環境がなくても可能です。ま
た、マルチメディアDAISYを持ち帰って家庭学習において使うことも可能
です。読み上げ機能は、小学校低学年の国語は朗読者の肉声を録音したも
のを基本としていますが、音声合成を使用したものもあります。全国のボ
ランティア団体の協力で、音声合成を用いたものも正しい発音になるよう
に編集されています。

　近年の研究で、従来問題児とされてきた生徒が、実は何らかの困難を抱
えていた、というケースがあることが発見されるようになってきました。
学校図書館の立場でも、真剣に受け止めて発見と支援につないでいきたい
ものです。

3.6　情報技術革新と今後の学校図書館

　これまでの学びで、Society5.0時代に学校図書館において情報メディア
を活用するということは、単に情報検索を行うだけではないとおわかりい
ただけただろうと思います。本節では、児童生徒が情報メディアを活用し
て、自律した個人として意見を発信できる生涯学習者となるように支援す

るための具体的な学校図書館活動の方策を提案します。

3.6.1 情報技術革新と今後の学校図書館の方向を考える

　文部科学省は2016年に、「「2020年代に向けた教育の情報化に関する懇談会」最終まとめ」を公表しています。その中の「3「アクティブ・ラーニング」の視点からの授業改善や個の学習ニーズに対応した「次世代の学校・地域」の創生」の中で、「子供たちの発達の段階や、発達の特性、子供の学習形態の多様性、教育的ニーズに応じた指導を工夫して実践できるようにすることが重要である。」[42]と述べています。2021年現在では、前述したようにGIGAスクール構想が進展しており、図3.6に示されているStage3が実現しつつあります。

　そこで、児童生徒が学校図書館の情報メディアを活用して自律した個人として意見を発信するために、学校図書館は司書教諭を中心として学校図書館の活用方法の指導を工夫する必要があります。具体的には、情報活用能力育成の観点から、電子書籍へのアクセス、デジタルアーカイブへのアクセス、創作・発信ツールの活用の3つを提案します（図3.7）。矢印部分は、司書教諭を含む教師が公共図書館と連携して、児童生徒に公共図書館等の外部の情報メディア（広義）にアクセスする方法を指導するというイメージを表します。また、指導を受けた児童生徒は、探索活動で得た知識をもとに新たな価値を生み出すことが可能になるだろうと考えられます。

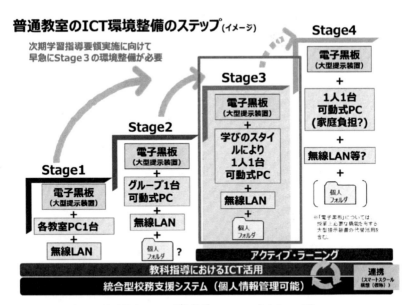

図3.6　普通教室のICT環境整備のステップ（イメージ）[42]

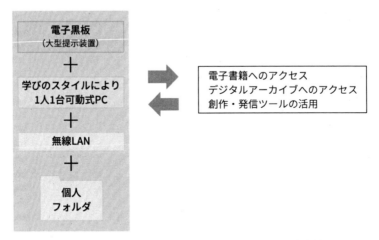

図3.7　今後の学校教育ICT化と学校図書館活用の双方向性

3.6.2　電子書籍へのアクセス提案

　2020年2月から、新型コロナウイルス感染拡大抑制のため全国一斉休校が始まり、最長で3か月に及ぶ異例の事態となりました。これをきっかけに、各学校でのICTの活用は急激に拡大しました。また、ICTの活用で学びを継続できた学校と児童生徒、対応が後手に回ってしまった学校とでは、格差が拡大してしまったことも報告されています。

　このような状況において司書教諭は、児童生徒が思考を深め、豊かな人間性を培い、自律した個人として意見を発信できるように、どのような支援をしたらよいのでしょうか。

　書籍『学校が「とまった」日―ウィズ・コロナの学びを支える人々の挑戦』[43]の中では、学びをとめないためには「子どもとの関わりを切らないこと」、「前例のない非常事態において重要なのは、指示やコンセンサスではなく、各教員の裁量であり、その裁量を認めた上で報告や情報共有をしっかり行うことであったと考えられる」という点が強調されています。

　2021年3月29日に、文部科学大臣は「当面の規制改革の実施事項」として「教育現場におけるオンライン教育の活用」を文部科学省ホームページに発表しました。その中で以下のように述べています[44]。

> 各学校がその地域における強みを活かすとともに、オンラインを活用して国内外の社会的・文化的な教育資源を十分に活用した教育を展開できるよう、全国どの地域に住んでいても、充実した学習コンテンツを活用できる環境整備に取り組む。

　学習コンテンツを活用できる環境整備として、具体的には、学校図書館電子書籍システムの導入が考えられますが、すぐに導入されることはないでしょう。しかし、地域の公共図書館に電子書籍が導入されているならば、司書教諭は公共図書館と連携して公共図書館の利用方法を指導しましょう。

　そのようなことが実現すれば、一人一人が情報を得てそれから自らの考えを深めていくことがおのずとできていくでしょう。その際、外部（公共図書館、文書館、博物館等）の情報メディア（広義）を活用するための方法を指導し、児童生徒の探究に伴走し励まし、その活動を承認するメンター

の役割が、司書教諭を含む教師の重要な仕事になります。

3.6.3　デジタルアーカイブへのアクセス提案

　ジャパンサーチ (JAPAN SEARCH) は、書籍、文化財、メディア芸術など、さまざまな分野のデジタルアーカイブと連携し、多様なコンテンツのメタデータをまとめて検索できる分野横断型統合ポータルです[45]。2020年8月から、「デジタルアーカイブジャパン推進委員会及び実務者検討委員会」（事務局：内閣府知的財産戦略推進事務局）の方針のもと、さまざまな分野の機関の連携・協力により、国立国会図書館がシステムの運用を始めました。

　トップページには「日本のデジタルアーカイブを探そう」と示され、2021年7月30日現在の教育・商用利用可の資料は、860,052件、オンラインで公開している資料は3,376,456件、連携しているデータベース125と表示されています。また、ジャパンサーチを活用した授業実践も行われています[46]。

　一方、聖学院中学校・高等学校図書館では、デジタルアーカイブによって自校資料を公開しています[47]（図3.8）。デジタルアーカイブを作成した司書教諭・大川功先生は、「デジタルアーカイブは、過去の正確な記録であると同時に未来への指針になりうる。同時に、一団体の財産としてだけではなく広く共有できる知的財産である。」[48]と述べておられます。

　学校図書館には学校固有の文化が集積し蓄積されており、それらを内外に情報公開し、発信することによって、学校教育のさらなる質的充実と向上が目指されています。

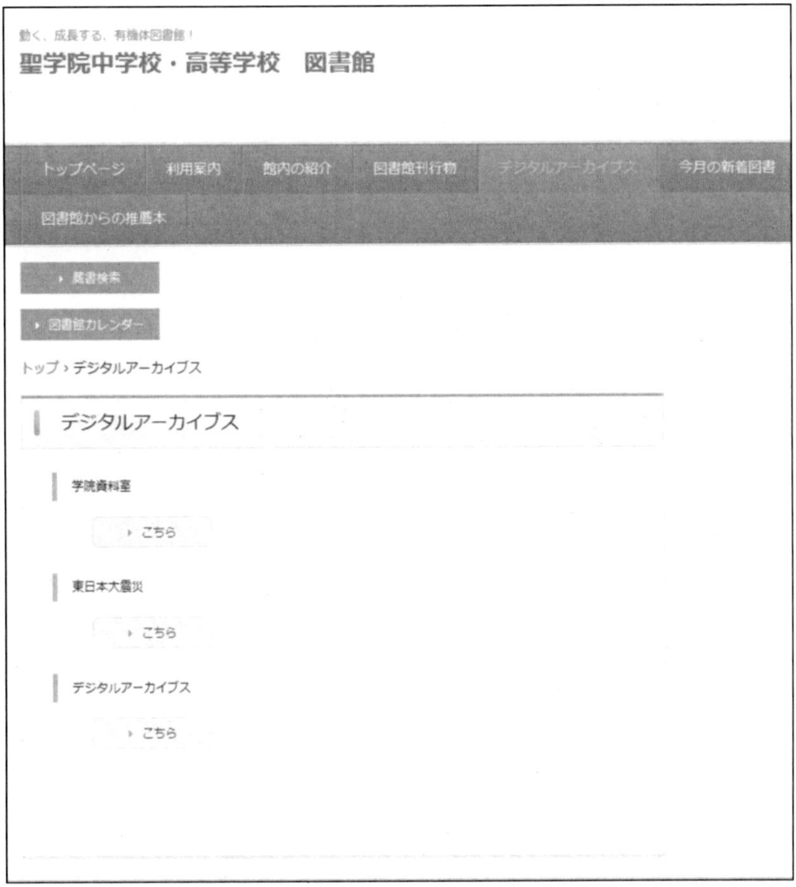

図 3.8 聖学院中学校・高等学校図書館 [47]

　また、多くの公共図書館には図書館流通センターの関連会社 TRC-ADEAC が作成した ADEAC[49] というデジタルアーカイブシステムが導入されており、ADEAC には多くの地域の史資料が収集・保存されています。クラウド型プラットフォームシステムとなっているため、利用者は ADEAC を導入している公共図書館から容易に史資料を検索・閲覧することができ、地域の史資料をより広範囲に深く知りたいという場合に役立ちます。学校図書館が公共図書館の利用方法や Web ページにアクセスする方法を指導す

れば、必ずや、学習者である児童・生徒に知的刺激を与えることでしょう。
　例えば図3.9のような、学校教育で紹介される機会の多い資料などは、さ
まざまな活用が考えられるのではないでしょうか。

図3.9　Web版デジタル伊能図 [50]

3.6.4　創作・発信ツールの活用提案の活用提案

　現在では、児童生徒がそれぞれ自らの思いを発信することができるような
情報活用能力も必要とされています。そこで、例えばデジタル教科書、本、
漫画が作れるBook Creatorというツールを利用してみてはどうでしょう
か（図3.10）。作った本はライブラリーに保存され、先生は児童生徒とそ
のライブラリーを共有できます。無料プランはライブラリー1つ、最大40
冊まで作成可能です（図3.11）。

図3.10　Book Creator アカウント登録ページ [51]

図3.11　Book Creator 先生用ダッシュボードの画面

　基本的に、指示通りに文字とイラストを入れていくだけで本が完成します。画像や自分の声を録音して入れることもできます。そのほか学校教育専用アプリケーションなど、教育支援ツールを利用することも検討してもよいのではないでしょうか。

3.6.5　今後の学校図書館の方向性

　個人の生涯学習においては、社会や経済の変化に対応するため、新しい知識や技術の習得が必要です。このような学習需要に対応し、生涯学習の基盤を整備することは、自分自身の技能・経歴向上のほか、社会制度の基盤である人材育成や社会・経済の発展に寄与することにつながります。

　また、自由時間が増えたことなどにより、心の豊かさや生きがいのための学習需要も増大しています。生涯学習は自己実現だけでなく、地域社会の活性化や高齢者の社会参加、青少年の健全育成など、社会全体にとっても有意義です。さらに、生涯学習により学歴だけでなくさまざまな学習の成果が適切に評価されることは、学歴社会の弊害の是正にもつながります。

　司書教諭は、学校図書館の情報メディアを利活用することで児童生徒を生涯学習者意識へいざなうという役割を担っています。

索引

参考文献

まえがき

[1]「第6期科学技術・イノベーション基本計画」, p.67,『内閣府』, 2021.
https://www8.cao.go.jp/cstp/kihonkeikaku/6honbun.pdf（参照2021.7.28）

[2]「平成30年度 文部科学白書 第3章　生涯学習社会の実現」,『文部科学省』, 2019.
https://www.mext.go.jp/b_menu/hakusho/html/hpab201901/detail/1421865.htm
（参照2021.7.28）

[3]「GIGAスクール構想の実現について　初等中等教育局情報教育・外国語教育課」, pp.6-9,
『文部科学省』, 2019.
https://www.mext.go.jp/content/20210608-mxt_jogai01-000015850_003.pdf
（参照2021.7.28）

本書で使用する用語とその定義

[1]「平成24年度文部科学省委託「国内のICT教育活用好事例の収集・普及・促進に関する調
査研究事業」教育ICT活用事例集」, p.2,『一般財団法人 日本視聴覚教育協会』, 2012.
http://eduict.javea.or.jp/pdf/h24/all.pdf

[2]「学校図書館メディア基準」, p.1,『公益社団法人全国学校図書館協議会』, 2021.
https://www.j-sla.or.jp/pdfs/20210401mediakijun.pdf（参照2021.7.28）

[3]「GIGAスクール構想について」, p.4,『文部科学省』, 2020.
https://www.mext.go.jp/content/20200221-mext_syoto02-000005120_2.pdf
（参照2021.7.28）

[4]「教育の情報化の手引き―追補版―（令和2年6月）第2章」, p.18,『文部科学省』, 2020.
https://www.mext.go.jp/content/20200608-mxt_jogai01-000003284_003.pdf
（参照2021.7.28）

[5] 日本図書館情報学会用語辞典編集委員会編『図書館情報学用語辞典 第5版』2020, 丸善
出版.

第1章

[1] 世界最先端デジタル国家創造宣言・官民データ活用推進基本計画, 2020.
https://www.kantei.go.jp/jp/singi/it2/kettei/pdf/20200717/siryou1.pdf（参照2021.7.28）

[2] 「IT新戦略の概要〜デジタル強靱化社会の実現に向けて〜」,『内閣官房IT総合戦略室』, 2020.
https://www.kantei.go.jp/jp/singi/it2/kettei/pdf/20200715/siryou8.pdf（参照2021.7.28）

[3] 「IT新戦略策定に向けた方針について」, p.7,『内閣官房情報通信技術(IT)総合戦略室』, 2020.
https://www.kantei.go.jp/jp/singi/it2/dai77/siryou1.pdf
（参照2021.7.28）

[4] 日本図書館情報学会用語辞典編集委員会編『図書館情報学用語辞典第5版』2020, 丸善出版.

[5] 根本彰『情報リテラシーのための図書館 日本の教育制度と図書館の改革』2017, みすず書房, pp.30-31.

[6] 根本彰『情報リテラシーのための図書館 日本の教育制度と図書館の改革』2017, みすず書房, p.64.

[7] 岡本薫「情報リテラシーと生涯学習」,『生涯学習研究e事典』, 日本生涯教育学会, 2006.
http://ejiten.javea.or.jp/contenta6b3.html（参照2021.7.28）

[8] 「教育の情報化の手引きー追補版ー（令和2年6月）第2章 情報活用能力の育成」, p.18,『文部科学省』, 2020.
https://www.mext.go.jp/content/20200608-mxt_jogai01-000003284_003.pdf
（参照2021.7.28）

[9] 「高等学校学習指導要領（平成30年告示）解説平成30年7月情報編」, pp.15-16,『文部科学省』, 2018.
https://www.mext.go.jp/content/1407073_11_1_2.pdf（参照2021.7.28）

[10] 「これからの学校図書館担当職員に求められる役割・職務及びその資質能力の向上方策等について（報告）」, p.9,『文部科学省』, 2014.
https://www.mext.go.jp/component/b_menu/shingi/toushin/__icsFiles/afieldfile/2014/04/01/1346119_2.pdf（参照2021.7.28）

[11] 「学校図書館の整備充実について（通知）別添1「学校図書館ガイドライン」」,『文部科学省』, 2016.
https://www.mext.go.jp/a_menu/shotou/dokusho/link/1380599.htm（参照2021.7.28）

[12] 「教育の情報化に関する手引ー追補版ー（令和2年6月）第2章 情報活用能力の育成」, p.19,『文部科学省』, 2020.

https://www.mext.go.jp/content/20200608-mxt_jogai01-000003284_003.pdf
（参照 2021.7.28）

[13]「教育の情報化の手引－追補版－（令和 2 年 6 月）概要」,『文部科学省』, 2020.
https://www.mext.go.jp/content/20200707-mxt_jogai01-000003284_011.pdf
（参照 2021.7.28）

[14]「学校図書館メディア基準」, p.1,『公益社団法人全国学校図書館協議会』, 2021.
https://www.j-sla.or.jp/pdfs/20210401mediakijun.pdf（参照 2021.7.28）

[15] 辻義人「視聴覚メディア教材を用いた教育活動の展望」,『小樽商科大学人文研究』2008,
p.178.

[16]「放送法 令和元年法律第二十三号による改正 第百六条」,『e-Gov 法令検索』, 2019.
https://elaws.e-gov.go.jp/document?lawid=325AC0000000132（参照 2021.7.28）

[17]「図書館実践事例集～主体的・対話的で深い学びの実現に向けて～（学校図書館）」,『文
部科学省』, 2020.
https://www.mext.go.jp/a_menu/shotou/dokusho/link/mext_00768.html
（参照 2021.7.28）

[18] 日本図書館協会図書館利用教育委員会編『情報リテラシー教育の実践 すべての図書館で
利用教育を』日本図書館協会, 2010, pp.47-48.

[19]「教育の情報化に関する手引 第 3 章 教科指導における ICT 活用」,『文部科学省』, 2019.
https://www.mext.go.jp/b_menu/shingi/chousa/shotou/056/shiryo/attach/1249668.htm
（参照 2021.7.28）

[20]「著作権法 第一条」,『e-Gov 法令検索』, 2020.
https://elaws.e-gov.go.jp/document?lawid=345AC0000000048（参照 2021.7.28）

[21]2017 年改訂の新学習指導要領解説
小学校総則編
https://www.mext.go.jp/component/a_menu/education/micro_detail/__icsFiles/afieldfile
/2019/03/18/1387017_001.pdf
中学校総則編
https://www.mext.go.jp/component/a_menu/education/micro_detail/__icsFiles/afieldfile
/2019/03/18/1387018_001.pdf
高等学校総則編
https://www.mext.go.jp/content/20200716-mxt_kyoiku02-100002620_1.pdf

[22]「指導される方へ 授業での著作権法遵守 Q3」,『公益社団法人著作権情報センター』.
http://kids.cric.or.jp/teacher/case01.html（参照 2021.7.28）

[23]「著作権法（学校その他の教育機関における複製等）第三十五条」,『e-Gov 法令検索』,
2020.
https://elaws.e-gov.go.jp/document?lawid=345AC0000000048（参照 2021.7.28）

[24] 一般社団法人 授業目的公衆送信補償金等管理協会
https://sartras.or.jp（参照 2021.7.28）

[25]「新型コロナウイルス感染症対策に伴う学校教育における ICT を活用した著作物の円滑
な利用について」,『文化庁』, 2020.
https://www.bunka.go.jp/seisaku/chosakuken/92080101.html（参照 2021.7.28）

[26] 文化庁
https://www.bunka.go.jp/index.html（参照 2021.7.28）

[27] 公益社団法人日本複製権センター
https://jrrc.or.jp/（参照 2021.7.28）

[28] 社団法人著作権情報センター
https://www.cric.or.jp/counsel/（参照 2021.7.28）

第2章

[1]「日本十進分類法」,『大阪府立図書館』, 2014.
https://www.library.pref.osaka.jp/licsxp-opac/WOpacTifSchNdcDispAction.do
（参照 2021.7.28）

[2]「平成 28 年度「学校図書館の現状に関する調査」の結果について」, p.2,『文部科学省』,
2016.
https://www.mext.go.jp/a_menu/shotou/dokusho/link/20210715-mxt_chisui01_1.pdf
（参照 2021.7.28）

[3] ポプラディアネット
https://www.kinokuniya.co.jp/03f/denhan/poplardia/index.htm（参照 2021.7.28）

[4] ジャパンナレッジスクール
https://school.japanknowledge.com/（参照 2021.7.28）

[5] 聞蔵 II ビジュアル

https://database.asahi.com/index.shtml（参照 2021.7.28）

[6]「先生のための授業に役立つ学校図書館活用データベース」
http://www.u-gakugei.ac.jp/~schoolib/htdocs/（参照 2021.7.28）

[7] 国会図書館 Web サービス一覧
https://www.ndl.go.jp/jp/use/service/index.html（参照 2021.7.28）

[8]「【総合的な学習の時間編】小学校学習指導要領（平成 29 年告示）解説」，p.76，『文部科
学省』，2017.
https://www.mext.go.jp/component/a_menu/education/micro_detail/__icsFiles/afieldfile
/2019/03/18/1387017_013_1.pdf（参照 2021.7.28）

[9]「【総合的な学習の時間編】中学校学習指導要領（平成 29 年告示）解説」，p.5，『文部科学
省』，2017.
https://www.mext.go.jp/component/a_menu/education/micro_detail/__icsFiles/afieldfile
/2019/03/18/1387018_012.pdf（参照 2021.7.28）

[10]「【総合的な探究の時間編】高等学校学習指導要領（平成 30 年告示）解説」，p.8，『文部
科学省』，2018.
https://www.mext.go.jp/content/1407196_21_1_1_2.pdf（参照 2021.7.28）

[11] 徳田悦子『小学校における学び方の指導探究型学習をすすめるために』2009，全国学校
図書館協議会，p.8.

[12]「情報資源を活用する学びの指導体系表」，『公益社団法人全国学校図書館協議会』，2019.
https://www.j-sla.or.jp/pdfs/20190101manabinosidoutaikeihyou.pdf（参照 2021.7.28）

[13] 公益在団法人 図書館振興財団 「調べる学習コンクール」
https://concours.toshokan.or.jp/（参照 2021.7.28）

[14]「教育の情報化に関する手引（令和元年 12 月）」，『文部科学省』，2019.
https://www.mext.go.jp/content/20200609-mxt_jogai01-000003284_001.pdf
（参照 2021.7.28）

[15]「教育の情報化に関する手引（追補版）」，『文部科学省』，2021.
https://www.mext.go.jp/content/20200707-mxt_jogai01-000003284_011.pdf
（参照 2021.7.28）

[16]「教員の ICT 活用指導力チェックリスト」，『文部科学省』，2018.
https://www.mext.go.jp/a_menu/shotou/zyouhou/detail/__icsFiles/afieldfile/2019/05/17/
1416800_001.pdf（参照 2021.7.28）

[17]「学校における ICT 環境整備について」、『文部科学省』、2018.
https://www.mext.go.jp/component/a_menu/education/micro_detail/__icsFiles/
afieldfile/2018/04/12/1402839_1_1.pdf（参照 2021.7.28）

[18]「名古屋市立山吹小学校、65 インチ型の電子黒板「ANSHI Touch Education」を導入」、
『EdTech Media』、2020.3.12.
https://edtech-media.com/archives/35436（参照 2021.7.28）

[19]「学習者用デジタル教科書に関する法令の概要」、『文部科学省』、2021.
https://www.mext.go.jp/content/20210325-mxt_kyokasyo01-100002550_01.pdf
（参照 2021.7.28）

[20]「学習者用デジタル教科書の効果的な活用の在り方等に関するガイドライン」、p.3、『文
部科学省』、2018.
https://www.mext.go.jp/b_menu/shingi/chousa/shotou/139/houkoku/__icsFiles/afieldfile
/2018/12/27/1412207_001.pdf（参照 2021.7.28）

[21]「02. 輝翔館中等教育学校 CoNETS 電子教科書インタビュー」、『CoNETS』、2017.
https://www.conets.jp/about/interview/scene2/（参照 2021.7.28）

[22] 日本図書館情報学会用語辞典編集委員会編『図書館情報学用語辞典第 5 版』2020、丸善
出版.

[23]Wayback Machine
https://web.archive.org/（参照 2021.7.28）

[24] インターネット資料収集保存事業 (WARP)
https://warp.da.ndl.go.jp/（参照 2012.7.28）

第3章

[1]教育分野におけるインターネットの活用促進に関する懇談会「子どもたちがもっと自由に
インターネットを活用できる環境づくりを目指して: 提言」、『郵政省・文部省』、1998.
https://www.soumu.go.jp/main_sosiki/joho_tsusin/whatsnew/edu_inet9802_ref2.html
（参照 2021.7.28）

[2]「高度情報通信ネットワーク社会形成基本法」、『e-Gov 法令検索』、2000.
https://elaws.e-gov.go.jp/document?lawid=412AC0000000144（参照 2021.7.28）

[3]「教育の情報化ビジョン」、『文部科学省』、2011.
https://www.mext.go.jp/component/a_menu/education/micro_detail/__icsFiles/afieldfile

/2017/06/26/1305484_01_1.pdf（参照 2021.7.28）

[4]「令和元年度学校における教育の情報化の実態等に関する調査結果（概要）」, p.8,『文部科学省』, 2020.
https://www.mext.go.jp/content/20201026-mxt_jogai01-00009573_1.pdf
（参照 2021.7.28）

[5] 東洋経済 education × ICT コンテンツチーム「小中学校「1人1台PC」で授業はどう変わる？」,『東洋経済ONLIN』, 2020.
https://toyokeizai.net/sp/media/200715giga/（参照 2021.7.28）

[6]「GIGA スクール構想の実現に向けた ICT 環境整備(端末)の進捗状況について」,『文部科学省』, 2021.
https://www.mext.go.jp/content/20210518-mxt_jogai01-000009827_001.pdf
（参照 2021.7.28）

[7]「学校における ICT 環境整備について」,『文部科学省』, 2018.
https://www.mext.go.jp/component/a_menu/education/micro_detail/__icsFiles/
afieldfile/2018/04/12/1402839_1_1.pdf（参照 2021.7.28）

[8]Zoom
https://zoom.us/（参照 2021.7.28）

[9]Classi
https://classi.jp/（参照 2021.7.28）

[10]「学校図書館ガイドライン」,『文部科学省』, 2017.
https://www.mext.go.jp/a_menu/shotou/dokusho/link/1380599.htm（参照 2021.7.28）

[11] 藤井寺市立道明寺小学校
http://academic3.plala.or.jp/dousho/contact.html（参照 2021.7.28）

[12] 東京都立五日市高等学校
http://www.itsukaichi-h.metro.tokyo.jp/zen/02gakkou-seikatsu-tosyokan.html
（参照 2021.7.28）

[13]「学校図書館支援センター事業」,『市川市』, 2020.
https://www.city.ichikawa.lg.jp/edu17/1111000057.html（参照 2021.7.28）

[14]「デジタルアーカイブの構築・連携のためのガイドライン」,『総務省』, 2012.
https://www.soumu.go.jp/main_content/000153595.pdf（参照 2021.7.28）

[15]「教育の情報化の手引きー追補版ー（令和2年6月）第2章」p.18,『文部科学省』, 2020.
https://www.mext.go.jp/content/20200608-mxt_jogai01-000003284_003.pdf
（参照 2021.7.28）

[16] 箕面市教育委員会に電話し、ご担当なさった松山尚文氏に 2021 年 6 月に数回にわたり
伺ったものである。

[17] 中村崇高『アーカイブズ情報の共有化に向けて』2010, 岩田書院, p.94.

[18] Digest of Education Statistics
https://nces.ed.gov/programs/digest/（参照 2021.7.18）

[19] Number of educational institutions, by level and control of institution: Selected years,
1980-81 through 2017-18,"National Center for Education Statistics (NCES)", 2019.
https://nces.ed.gov/programs/digest/d19/tables/dt19_105.50.asp（参照 2021.7.28）

[20] Digest of Education Statistics,"National Center for Education Statistics (NCES)", 2019.
https://nces.ed.gov/programs/digest/（参照 2021.7.28）

[21] Rothman, Allison, E-Books in Public School Libraries: Are We There Yet?, Vol.45, No.5,
p30-37,"Knowledge Quest", 2017.
https://eric.ed.gov/?id=EJ1143977（参照 2021.7.28）

[22] 電子書籍流通協議会 Web サイト資料から算出（2021 年 4 月 1 日現在の数値）
https://aebs.or.jp/Electronic_library_introduction_record.html（参照 2021.7.28）

[23] School e-Library（スクールイーライブラリー）
https://www.schoolelibrary.info/（参照 2021.7.28）

[24] LibrariE（ライブラリエ）
https://mirai.kinokuniya.co.jp/catalog/librarie/（参照2021.7.28）

[25] 日本電子図書館サービス (JDLS)
https://www.jdls.co.jp/

[26] OverDrive Japan（オーバードライブ・ジャパン）
https://overdrivejapan.jp/（参照2021.7.28）

[27] LibrariE & TRC-DL
https://www.trc.co.jp/solution/trcdl.html（参照 2021.7.28）

[28]「令和元年度学校における教育の情報化の実態等に関する調査結果（概要）〔確定値〕」,

p.19, 『文部科学省』, 2020.
https://www.mext.go.jp/content/20201026-mxt_jogai01-00009573_1.pdf
（参照 2021.7.28）

[29]「デジタル教科書の今後の在り方等に関する検討会議（第一次報告）」, p.2, 『文部科学省』, 2021.
https://www.mext.go.jp/content/20210607-mxt_kyokasyo01-000015693_1.pdf
（参照 2021.7.28）

[30] 日本電子出版協会 電子図書館委員会「緊急提言 今こそ国は学校電子図書館の準備を」, 『日本電子出版協会』, 2021.02.24.
https://www.jepa.or.jp/pressrelease/20210224b/（参照 2021.7.28）

[31] 京都先端科学大学附属中学校高等学校
https://www.js.kuas.ac.jp/（参照 2021.7.28）

[32] 茨城キリスト教学園中学校高等学校 電子図書館 トップページ
https://www.d-library.jp/ichlibrary/g0101/top/（参照 2021.7.28）

[33] 工学院大学付属中学校・高等学校 Web サイト
https://www.js.kogakuin.ac.jp/schoollife/library.html（参照 2021.7.28）

[34] 富士通エフ・オー・エム『情報モラル＆情報セキュリティー』2020, FOM 出版, p.4.

[35]「個人情報の保護に関する法律（平成十五年法律第五十七号）（令和二年法律第四十四号による改正）」, 『e-Gov 法令検索』, 2020.
https://elaws.e-gov.go.jp/document?lawid=415AC0000000057（参照 2021.7.28）

[36]『大辞泉第 2 版』2012, 小学館.

[37] 富士通エフ・オー・エム『情報モラル＆情報セキュリティー』2020, FOM 出版, pp.7-8.

[38]「障害を理由とする差別の解消の推進に関する法律」, 『e-Gov 法令検索』, 2016.
https://elaws.e-gov.go.jp/document?lawid=425AC0000000065（参照 2021.7.28）

[39]「障害者の権利に関する条約」, 『外務省』, 2019.
https://www.mofa.go.jp/mofaj/gaiko/jinken/index_shogaisha.html（参照 2021.7.28）

[40] 日本障害者リハビリテーション協会
https://www.jsrpd.jp/（参照 2021.7.28）

[41]「令和元年度マルチメディアデイジー教科書アンケート結果」, 『日本障害者リハビリテー

ション協会』.
https://www.dinf.ne.jp/doc/daisy/book/R01_2019survey.html（参照 2021.7.28）

[42]「「2020年代に向けた教育の情報化に関する懇談会」最終まとめ」, p.48,『文部科学省』,
2016.
https://www.mext.go.jp/b_menu/houdou/28/07/__icsFiles/afieldfile/2016/07/29/1375100_01_1_1.pdf（参照 2021.7.28）

[43] 中原淳（監修），田中智輝，村松灯，高崎美佐『学校が「とまった」日—ウィズ・コロナの学びを支える人々の挑戦』2021，東洋館出版社，pp.222- 226.

[44]「教育現場におけるオンライン教育の活用」, p.2,『文部科学省』, 2021.
https://www.mext.go.jp/content/20210329-mxt_gyoukaku-000013799_1.pdf
（参照 2021.7.28）

[45] ジャパンサーチ
https://jpsearch.go.jp/（参照 2021.7.28）

[46] 大井将生，渡邉英徳「ジャパンサーチを活用した小中高でのキュレーション授業デザイン：デジタルアーカイブの教育活用意義と可能性」,『デジタルアーカイブ学会誌』, Vol. 4,
No. 4，2020，pp.352-359.

[47] 聖学院中学校・高等学校 図書館
http://library.seig-boys.org/（参照 2021.7.28）

[48] 大川功「学校図書館におけるデジタルアーカイブの構築：「語り継ぎ」から「語り上げ」へ」デジタルアーカイブ学会，2020，p.15.
https://www.jstage.jst.go.jp/article/jsda/4/1/4_7/_pdf/-char/ja（参照 2021.7.28）

[49]ADEAC
https://www.trc.co.jp/solution/adeac.html（参照 2021.7.28）

[50]「デジタルアーカイブシステム ADEAC 所収」
WEB版制作・運営：TRC-ADEAC株式会社, 発行：株式会社河出書房新社, 共同企画編集・データ制作：東京カートグラフィック株式会社,WEB版販売代理店：株式会社図書館流通センター
https://trc-adeac.trc.co.jp/WJ11C0/WJJS02U/1391075150（参照 2021.7.28）

[51]Book Creator アカウント登録ページ
https://app.bookcreator.com/libraries（参照 2021.7.28）

著者紹介

西巻 悦子 （にしまき えつこ）

1974年から2010年まで東京都立高等学校国語科教諭
2003年　東京学芸大学大学院教育学研究科修士課程修了　教育学修士
2003年から司書教諭、2008年から主幹教諭を兼任
2016年　筑波大学大学院図書館情報メディア研究科後期博士課程単位取得満期退学
現　在　昭和女子大学非常勤講師、早稲田大学非常勤講師、秋草学園短期大学非常勤講師

所属学会
日本図書館情報学会
日本学校図書館学会
International Association of School Librarianship
特定非営利活動法人 大学図書館支援機構

著書
『学校図書館の役割と使命』（近代科学社Digital，2021）

◎本書スタッフ
編集長：石井 沙知
編集：山根 加那子
図表製作協力：菊池 周二
表紙デザイン：tplot.inc 中沢 岳志
技術開発・システム支援：インプレスR&D NextPublishingセンター

●本書の内容についてのお問い合わせ先
近代科学社Digital　メール窓口
kdd-info@kindaikagaku.co.jp
件名に「『本書名』問い合わせ係」と明記してお送りください。
電話やFAX、郵便でのご質問にはお答えできません。返信までには、しばらくお時間をいただく場合があります。なお、本書の範囲を超えるご質問にはお答えしかねますので、あらかじめご了承ください。

司書教諭による情報メディア活用

生涯学習の扉を開くために

2021年8月27日　初版発行Ver.1.0

著　者　西巻 悦子
発行人　大塚 浩昭
発　行　近代科学社Digital
販　売　株式会社 近代科学社
　　　　〒101-0051
　　　　東京都千代田区神田神保町1丁目105番地
　　　　https://www.kindaikagaku.co.jp

ISBN978-4-7649-6024-4

近代科学社 Digital は、株式会社近代科学社が推進する21世紀型の理工系出版レーベ
ルです。デジタルパワーを積極活用することで、オンデマンド型のスピーディで持続可能な出
版モデルを提案します。

近代科学社Digitalは株式会社インプレスR&Dのデジタルファースト出版プラットフォーム
"NextPublishing"との協業で実現しています。